—Para alcanzar la cima financiera, debe leer *Papá rico, papá pobre*. Es sentido común y entendimiento del mercado para su futuro financiero.

Zig Ziglar
conocido autor y conferenciante mundial

—Si usted quiere obtener el conocimiento de los expertos de cómo hacerse y MANTENERSE rico, ¡lea este libro! Soborne a sus hijos (monetariamente si no hay más remedio) para que hagan lo mismo.

Mark Victor Hansen
Co-autor de la serie *Chicken Soup for the Soul*,
el número 1 de ventas del *New York Times*

Papá rico, papá pobre no es un libro corriente sobre el dinero. *Papá rico, papá pobre* es fácil de leer y sus importantes recomendaciones—por ejemplo, hacerse rico precisa de enfoque y ánimo—son muy sencillas.

Honolulu Magazine

—Sólo desearía haber leído este libro cuando era joven, o mejor todavía ¡que mis padres lo hubieran leído! Es el tipo de libro para comprar y regalar a todos sus hijos y comprar más copias, por si tiene nietos, para regalárselo en cuanto cumplan 8 o 9 años.

Sue Brawn
Presidente de Tenant Check of América

—*Papá rico, papá pobre* no trata de cómo hacerse rico rápidamente. Trata de cómo responsabilizarse de sus asuntos financieros y mejorar su fortuna dominando el dinero. Léalo si quiere despertar a su genio financiero.

Dr. Ed Koken
Conferenciante financiero,
Universidad de RMIT, Melbourne

—Me gustaría haber leído este libro hace veinte años.

Larison Clark, Diamond Key Homes
Inmobiliaria con más crecimiento en América,
1995, según INC. Magazine.

—*Papá rico, papá pobre* es el punto de partida para cualquiera que busque controlar su futuro financiero.

USA Today

Papá rico

papá pobre

Lo que enseñan los ricos a sus hijos sobre el dinero—¡que los pobres y la clase media no hacen!

De Robert T. Kiyosaki
Con Sharon L. Lechter C.P.A.

Traducido al español por Mercedes Lamamié de Clairac

WARNER
BUSINESS
BOOKS™

NEW YORK   BOSTON

Si usted compra este libro sin tapa debe saber que este libro puede ser robado y que se ha informado al editor que no se había vendido y se había destruido. En tal caso ni el autor ni el editor ha recibido pago alguno por este libro sin tapa.

Esta publicación está creada para proporcionar información competente y fiable respecto a la materia tratada. Sin embargo, se vende con el entendimiento que ni el autor, ni el editor están proporcionando consejo profesional legal, financiero, u otro. Las leyes y prácticas varían a menudo de estado a estado y si se precisa ayuda legal o de un especialista, deben buscarse los servicios de un profesional. El autor y editor desestiman cualquier obligación que se incurra por el uso o aplicación del contenido de este libro.

Edición de Warner Books
Copyright © 1997, 1998 por Robert T. Kiyosaki y Sharon L. Lechter
Todos los derechos reservados. Salvo los permisos del U.S. Copyright Act de 1976, ninguna parte de esta publicación será reproducido, distribuido, o transmitido en cualquier forma or por cualquier manera, ni será almacenado en cualquier sistema de recuperación de datos, sin el permiso escrito de la casa editorial.

Traducido al español por Mercedes Lamamié de Clairac

Publicado por Warner Books en asociación con CASHFLOW Technologies, Inc.

"CASHFLOW" es una marca registrada de CASHFLOW Technologies, Inc.

Warner Business Books
Hachette Book Group USA
237 Park Avenue
New York, NY 10169

Visite nuestro sitio Web: www.HachetteBookGroupUSA.com

Warner Business Books es una linea editorial de Warner Books.

Impreso en los Estados Unidos de América

Primera impresión de Warner Books: mayo del 2000.

Primera edición en español: octubre de 2003.

10   9   8

Warner Business Books es una marca de Time Warner Inc. o una companía afiliada. Utilizado por licencia por Hachette Book Group USA, que no es afiliado con Time Warner Inc.

ISBN 978-0-446-67995-4

LCCN: 2003103831

Diseñado por Insync Graphic Studio, Inc.

*Este libro está dedicado a todo los padres del mundo,
los profesores más importantes de los niños.*

Agradecimientos

¿Cómo das las gracias cuando hay tanta gente a quien dárselas ? Obviamente este libro es un "gracias" a mis dos padres que fueron dos poderosos ejemplos, y a mi madre que me enseñó el amor y la bondad.

Pero las personas directamente responsables de que este libro se convirtiera en una realidad incluyen a mi esposa Kim quien completa mi vida. Kim es mi compañera de matrimonio, negocio, vida. Sin ella me perdería. A los padres de Kim, Winnie y Bill Meyer por criar una gran hija. Agradezco a Sharon Lechter por haber recogido los pedazos de este libro en mi computadora y haberlos juntado. Al marido de Sharon, Mike, por ser un gran abogado de propiedad intelectual, y a sus hijos Phillip, Shelly, y Rick por su participación y cooperación. Agradezco a Keith Cunningham por su sabiduría financiera e inspiración; Larry y Lisa Clark por su amistad y estímulo; Rolf Parta por su genio técnico; Anne Nevin, Bobbi DePorter y Joe Chapon por sus conocimientos docentes; DC y John Harrison, Jannie Tay, Sandy Khoo, Richard y Veronica Tan, Peter Johnston y Suzi Dafnis, Jacqueline Seow, Nyhl Henson, Michael y Monette Hamlin, Edwin y Camilla Khoo, K.C. See y Jessica See, por su apoyo profesional; Kevin y Sara de InSync por sus magníficos gráficos; John y Shari Burley, Bill y Cindy Shopoff, Van Tharp, Diane Kennedy, C. W. Allen, Marilu Deignan, Kim Arries, y Tom Weisenborn por su inteligencia financiera. Sam Georges, Anthony Robbins, Enid Vein, Lawrence y Jayne Taylor-West, Alan Wright, Zig Ziglar, por su claridad mental; J.W. Wilson, Marty

Weber, Randy Craft, Don Mueller, Brad Walker, Blair y Eileen Singer, Wayne y Lynn Morgan, Mimi Brennan, Jerome Summers, Dr. Peter Powers, Will Hepburn, Dr. Enrique Teuscher, Dr. Robert Marin, Betty Oyster, Julie Belden, Jamie Danforth, Cherie Clark, Rick Merica, Joia Jitahide, Jeff Bassett, Dr. Tom Burns y Bill Galvin por su amistad y por apoyar los proyectos; y a los Gerentes del Centro y a los miles de graduados del Dinero y Usted y de La Escuela de Comercio para Empresarios; y a Frank Crerie, Clint Miller, Thomas Allen y Norman Long por ser grandes socios de negocios.

Índice

Hay una necesidad

¿Prepara el colegio a los niños para el mundo real? "Estudia duro, saca buenas notas y encontrarás un trabajo bien remunerado y con buenos beneficios", decían mis padres. Su meta en la vida era darnos a mí y a mi hermana mayor una educación universitaria para que tuviéramos las mejores oportunidades de éxito en la vida. Cuando por fin obtuve mi título en 1976 —graduándome con honores entre los primeros de mi clase en contabilidad en la Universidad del Estado de Florida— mis padres habían alcanzado su meta. Fue el logro más importante de sus vidas. De acuerdo con el "Plan Trazado", me contrató una de las "ocho grandes firmas de contabilidad" y vislumbraba una larga carrera y una jubilación anticipada.

Mi marido, Michael, siguió un camino parecido. Los dos procedemos de familias trabajadoras, de pocos activos pero con una fuerte ética del trabajo. Michael también se graduó con honores, y lo hizo por partida doble: primero de ingeniero y después de abogado. Rápidamente lo contrató un prestigioso bufete de abogados de Washington, DC. especializado en patentes. Su futuro parecía brillante, su carrera bien definida y su jubilación anticipada garantizada.

Aunque hemos logrado éxito en nuestras carreras, los resultados no han sido verdaderamente los que esperábamos. Los dos hemos cambiado de puesto varias veces —siempre por razones justas— pero no hay ningún plan de jubilación que lleve nuestro nombre. Nuestros fondos de jubilación sólo están aumentando a través de nuestras propias contribuciones.

Michael y yo tenemos un matrimonio maravilloso y tres hijos mayores. Mientras escribo esto, dos están en la universidad y uno está empezando la escuela secundaria. Nos hemos gastado una fortuna para asegurarnos que nuestros hijos reciban la mejor educación disponible.

Un día en 1996, uno de mis hijos llegó a casa desilusionado con la escuela. Estaba aburrido y cansado de estudiar.

—¿Por qué tengo que dedicar tiempo a estudiar materias que nunca usaré en la vida real? —protestó.

Sin pensar, respondí:

—Porque si no consigues buenas notas, no entrarás a la universidad.

—Independientemente de si voy a la universidad o no —contestó— voy a ser rico.

—Si no estudias una carrera, no conseguirás un buen trabajo —respondí con alarma y preocupación materna—. Y si no tienes un buen trabajo, ¿cómo piensas hacerte rico?

Mi hijo se sonrió y lentamente sacudió la cabeza contrariado. Habíamos tenido esta conversación muchas otras veces. Bajó la cabeza y puso sus ojos en blanco. Mi sabiduría maternal estaba cayendo una vez más en oídos sordos.

Mi hijo es inteligente y de carácter fuerte y siempre ha sido cortés y respetuoso.

—Mamá —comenzó. Me tocaba la lección.— ¡Ponte al día! Mira a tu alrededor: las personas ricas no se hicieron ricas por su educación. Mira a Michael Jordan y a Madonna. Hasta Bill Gates, que dejó Harvard y fundó Microsoft, es ahora el hombre más rico de América y todavía está en su treintena. Hay lanzadores de béisbol que ganan más de $4 millones anuales aunque se les tache de retrasados mentales.

Hubo un largo silencio. Sentía que estaba dándole a mi hijo los mismos consejos que me habían dado mis padres. El mundo alrededor nuestro ha cambiado, pero los consejos no. Conseguir una buena educación y tener buenas notas ya no aseguran el éxito, y nadie parece haberlo notado, menos nuestros hijos.

—Mamá —continuó—. No quiero trabajar tanto como tú y papá. Ganan mucho dinero y vivimos en una casa grande con muchos lujos. Pero si sigo tu consejo acabaré como ustedes, trabajando cada vez más para pagar más impuestos y acabar lleno de deudas. Ya no hay seguridad en el trabajo; conozco las reducciones de personal y los ajustes. También sé que hoy en día los universitarios ganan menos que cuando tú te graduaste. Mira a los médicos. No ganan lo que antes. Sé que no puedo depender del Seguro Social o de la pensión de la compañía para la jubilación. Necesito respuestas nuevas.

Tenía razón. Necesitaba nuevas respuestas y yo también. Los consejos de mis padres pueden haber servido para los nacidos antes de 1945, pero pueden resultar desastrosos para los que como nosotros hemos nacido en un mundo en constante evolución. Ya no puedo decirles a mis hijos: vayan a la escuela, saquen buenas notas y busquen un trabajo bueno y seguro.

Sabía que tenía que buscar una forma nueva de encaminar la educación de mis hijos.

Como madre y como contadora, siempre me preocupó la falta de educación financiera que nuestros hijos reciben en la escuela. Hoy en día muchos jóvenes tienen tarjetas de crédito antes de terminar la escuela secundaria, a pesar de que nunca han recibido un curso sobre el dinero y cómo invertirlo, y tampoco entienden cómo funciona el interés compuesto de las tarjetas de crédito. Sin preparación financiera y conocimientos de cómo funciona el dinero, no están listos para enfrentarse al mundo que los espera, un mundo que celebra el gasto por encima del ahorro.

Cuando, al empezar la universidad, mi hijo mayor se endeudó atrozmente con sus tarjetas de crédito, no sólo lo ayudé a romperlas sino que también busqué un programa que me ayudara a educar a mis hijos en materia financiera. El año pasado, mi marido me llamó desde su oficina.

—Tengo a alguien aquí que quiero que conozcas —dijo—. Se llama Robert Kiyosaki. Es un inversionista y empresario, ha venido a solicitar una patente para un producto educativo. Creo que es lo que estabas buscando.

Justo lo que estaba buscando

Mi marido se impresionó tanto con *CASHFLOW,* el nuevo producto educativo que Robert Kiyosaki estaba desarrollando, que organizó para que ambos tomáramos parte en una prueba del prototipo. Como era un juego educativo le pregunté a mi hija de 19 años —que estaba en primer año de universidad— si quería también participar, y accedió.

Tres grupos de quince personas participaron en la prueba.

Mike tenía razón. Era el producto educativo que había estado buscando. Pero tenía una peculiaridad: era parecido a la tabla del Monopoly y tenía en el centro una gigantesca y elegante rata. Sin embargo, a diferencia del Monopoly, tenía dos caminos: uno interno y otro externo. El objetivo del juego era salir del camino interior, lo que Robert denominaba "la carrera de la rata", y alcanzar el camino exterior, o "la pista rápida". Robert nos dijo que la pista rápida representaba cómo los ricos juegan en la vida real.

Robert nos explicó qué era la "la carrera de la rata".

—Si consideran la vida de la persona media, educada y trabajadora, todas tienen un camino similar. El niño nace y va a la escuela. Los orgullosos padres están entusiasmados porque el niño avanza, saca buenas notas y es aceptado en la universidad. El niño se licencia, quizá hace un curso de postgrado y entonces hace exactamente lo marcado: busca un trabajo seguro o una profesión. El niño encuentra ese trabajo, quizá de médico o abogado, o se enlista en el Ejército o trabaja para el gobierno. Generalmente, el niño empieza a ganar dinero, llegan innumerables tarjetas de crédito y empiezan las compras si es que ya no han empezado.

—Con dinero para despilfarrar, el chico frecuenta los sitios dónde se juntan otros jóvenes como él, conocen gente, salen juntos y a veces se casan. La vida actual es estupenda porque tanto los hombres como las mujeres trabajan. Dos sueldos son una bendición. Se sienten exitosos, su futuro es prometedor y deciden comprar una casa, un automóvil, una televisión, irse de vacaciones y tener hijos. Llega la cigüeña. La demanda de dinero en efectivo es enorme. La feliz pareja decide que sus carreras son muy importantes y empiezan a trabajar cada vez más buscando promociones y aumentos. Los aumentos llegan, así como otro hijo y la necesidad de una casa más grande. Trabajan todavía más, son mejores empleados todavía más entrenados. Regresan a la escuela para adquirir conocimientos más especializados que les permitan ganar más dinero. Quizás tomen un segundo trabajo. Aumentan sus ingresos, pero también su nivel impositivo y los impuestos inmobiliarios de su nueva casa, que es más grande, su Seguro Social y todos los otros impuestos. Consiguen su gran sueldo y se preguntan a dónde fue a parar el dinero. Compran algunos fondos de inversión y comestibles con su tarjeta de crédito. Los niños llegan, y cuando tienen cinco o seis años de edad, la necesidad de ahorrar para la universidad, y para su propia jubilación, aumenta.

—Esa feliz pareja nacida hace 35 años está ahora atrapada en la carrera de la rata por el resto de su vida profesional. Trabajan para los dueños de su compañía, para el Gobierno pagando impuestos, y para el banco pagando la hipoteca y las tarjetas de crédito.

—Entonces aconsejan a sus propios hijos: "Estudia duro, saca buenas notas, y busca un trabajo seguro o una profesión". No han aprendido nada sobre el dinero, exceptuando los que han abusado de su ingenuidad y trabajan duro toda su vida. El proceso se repite con otra generación trabajadora. Esto es la "carrera de la rata".

La única manera de salir de la "carrera de la rata" es ser competente en contabilidad e inversiones, posiblemente dos de los temas más difíciles de dominar. Como Contadora Público Autorizado que trabajó para una de las "ocho grandes", me sorprendió que Robert hubiera logrado que el aprendizaje de estas dos materias fuera divertido y emocionante. El proceso estaba tan bien disimulado que mientras trabajábamos diligentemente para salir de la "carrera de la rata", pronto nos olvidamos que estábamos aprendiendo.

Enseguida una prueba del producto se convirtió en una divertida tarde con mi hija hablando de cosas que antes nunca habíamos discutido. Como contadora, jugar con una planilla de balance y declaración de ingresos fue facil. Así que tenía tiempo para ayudar a mi hija y a los otros jugadores de mi mesa con conceptos que ellos no entendían. Fui la primera, y la única persona en todo el grupo de prueba, capaz de salir de la "carrera de la rata". Salí en 50 minutos, aunque el juego continuó durante casi tres horas.

En mi mesa había un banquero, un empresario y un programador de computadoras. Lo que más me perturbó fue lo poco que sabían estas personas de contabilidad o inversiones, temas tan importantes en sus vidas. Me pregunté cómo podían manejar sus propios asuntos financieros en la vida real. Podía comprender que mi hija de 19 años no entendiera, pero éstos eran adultos que, por lo menos, le doblaban la edad.

Después de salir de la "carrera de la rata", durante las dos horas siguientes observé a mi hija y a éstos educados y prósperos adultos tirar los dados y mover sus fichas. Aunque me alegraba que estuvieran aprendiendo tanto, me perturbaba lo poco que sabían los mayores de lo más básico de contabilidad e inversiones. Tenían dificultades para entender la relación entre su planilla de balance y declaración de ingresos. Mientras compraban y vendían activos no recordaban que cada transacción podía afectar su flujo de dinero mensual. Pensé: ¿cuántos millones de personas hay en el mundo real luchando financieramente porque nunca se les han enseñado estos temas?

Me dije que menos mal que se están divirtiendo y están distraídos por las ganas de ganar el juego. Cuando Robert dio por finalizada la prueba, nos dio quince minutos para discutir y criticar *CASHFLOW* entre nosotros. El empresario que estaba en mi mesa no estaba contento. No le gustó el juego.–No necesito saber esto –dijo en alto–. Contrato a contadores, banqueros y abogados para que me asesoren sobre todo esto.

A lo que Robert respondió: –¿No se ha fijado que hay muchos contadores que no son ricos? Y banqueros, y abogados, y agentes de bolsa y agentes inmobiliarios. Saben mucho, y suelen ser personas inteligentes, pero en general no son ricos. Como en nuestras escuelas no enseñan lo que saben los ricos, aceptamos el consejo de esta gente. Pero un día, estás conduciendo, atascado en el tráfico, luchando por llegar al trabajo y miras a tu derecha y ves a tu contador en el mismo atasco. Miras a tu izquierda y ves a tu banquero. Eso debe indicarte algo.

El programador de computadoras tampoco estaba impresionado por el juego: –Puedo comprar un programa que me enseñe esto.

El banquero, sin embargo, estaba conmovido: –Estudié todo esto en la escuela, la parte de contabilidad, pero nunca supe cómo aplicarlo a la vida real. Ahora si sé. Necesito salir de la "carrera de la rata".

Pero fueron los comentarios de mi hija los que más me afectaron: –Me divertí aprendiendo –dijo–. Aprendí mucho sobre cómo funciona verdaderamente el dinero y cómo invertir.

Y añadió: –Ahora sé que puedo escoger una profesión por el trabajo que quiero hacer y no por la seguridad del trabajo, sus beneficios o por cuánto me paga. Si aprendo lo que enseña este juego, seré libre para hacer y estudiar lo que deseo . . . en lugar de estudiar porque las empresas estén buscando esos conocimientos. Si aprendo esto, no tendré que preocuparme más por la seguridad del trabajo y el Seguro Social como ya hacen la mayoría de mis compañeros de clase.

No me pude quedar a hablar con Robert después de terminar el juego pero acordamos encontrarnos más tarde para hablar de su proyecto. Sabía que quería usar el juego para ayudar a otros a ser financieramente más astutos, y estaba impaciente por escuchar más sobre sus planes.

Mi marido y yo organizamos una cena de trabajo con Robert y su esposa a la semana siguiente. Aunque era nuestra primera cita social, nos sentíamos como si nos conociéramos de años.

Descubrimos que teníamos mucho en común. Cubrimos toda la gama de temas, desde deportes, hasta obras de teatro, restaurantes y problemas socio-económicos. Hablamos sobre el mundo cambiante. Pasamos bastante tiempo discutiendo cómo la mayoría de los americanos tiene poco o nada ahorrado para su jubilación, y de la casi quiebra del Seguro Social y el Seguro Médico Estatal. ¿Tendrían mis hijos que pagar por la jubilación de 75 millones de *baby boomers*? Nos preguntábamos si las personas entienden lo arriesgado que es depender de un plan de jubilaciones.

La principal preocupación de Robert era la creciente distancia entre ricos y pobres en Estados Unidos y en todo el mundo. Robert, un empresario autodidacta que ha alcanzado su posición gracias a sus propios esfuerzos, había viajado por todo el mundo creando inversiones que le permitieron retirarse a los 47 años. Abandonó su retiro porque comparte la preocupación que yo tengo con mis propios hijos. Sabe que el mundo ha cambiado, pero no así la educación. Según Robert, los niños pasan años en un sistema educativo anticuado, estudiando temas que nunca utilizarán y preparándose para un mundo que ya no existe. Le gusta decir: —Hoy en día, el consejo más peligroso que puedes dar a un niño es: "Ve a la escuela, saca buenas notas y busca un trabajo seguro". Es un consejo anticuado y, además, un mal consejo. Si pudieran ver lo que está pasando en Asia, Europa y América del Sur estarían tan preocupados como yo.

Es un mal consejo, opina, "porque si quieres que tu hijo tenga un futuro financieramente seguro, no te puedes dejar guiar por las reglas de antaño. Es demasiado arriesgado".

Le pregunté que quería decir con las reglas "anticuadas".

—La gente como yo juega con reglas diferentes a las de ustedes— dijo—. ¿Qué pasa cuándo una corporación anuncia una reducción?

—Se despiden trabajadores —dije—. Se hace daño a las familias. Aumenta el desempleo.

—Sí, pero, ¿qué le pasa a la compañía, sobre todo a una compañía pública que cotiza en bolsa?

—Cuando se anuncia una reducción de personas generalmente sube el precio de la acción —dije—. Al mercado le gusta que una empresa reduzca sus costos laborales, bien a través de la automatización o simplemente consolidando la mano de obra.

—Correcto —dijo—. Y cuando sube el precio de las acciones, las personas como yo, los accionistas, nos hacemos más ricos. A eso es a lo que me refiero con un conjunto diferente de reglas. Los empleados pierden; los dueños e inversionistas ganan.

Robert estaba describiendo no sólo la diferencia entre un empleado y un patrón, sino también la diferencia entre controlar tu propio destino y ponerlo en manos de otra persona. —Pero a la mayoría de las personas le cuesta entender por qué pasa eso —dije—. Lo único que piensan es que no es justo.

—Por eso es disparatado decirle a un niño: "Consigue una buena educación" —dijo—. Es necio asumir que la educación que imparte el sistema escolar preparará a sus hijos para el mundo que enfrentarán después de la graduación. Cada niño necesita más educación. Una educación diferente. Y necesitan saber las reglas. Las diferentes reglas del juego.

—Hay reglas del dinero con las que juegan los ricos, y otras que siguen el otro 95 por ciento de la población —dijo—. Y ese 95 por ciento aprende esas reglas en casa y en la escuela. Por eso es demasiado arriesgado decir simplemente hoy a un niño: "Estudia duro y busca un trabajo". Hoy en día un niño precisa una educación más sofisticada y el sistema actual no se lo está brindando. No me importa cuántas computadoras pongan en las aulas o cuánto dinero gasten en las escuelas. ¿Cómo puede el sistema educativo enseñar algo que no conoce?

—Entonces, ¿cómo puede un padre enseñar a sus hijos lo que la escuela no hace? ¿Cómo puede enseñarle contabilidad a un niño? ¿No se aburrirán? ¿Y cómo enseñar sobre inversiones cuando el padre es adverso al riesgo? En lugar de enseñarles a mis hijos a jugar seguro, decidí que era mejor enseñarles a jugar inteligentemente.

—¿Y cómo enseñaría usted a un niño sobre el dinero y sobre todas las cosas que hemos hablado? —pregunté a Robert—. ¿Cómo podemos hacerlo fácil para los padres cuándo ellos mismo no lo entienden?

—Escribí un libro sobre el asunto —dijo.

—¿Dónde está?

—En mi computadora. Lleva allí años en trozos sueltos. A veces agrego algo pero nunca he conseguido consolidarlo todo. Empecé a escribirlo después de que mi otro libro fuera un *best-seller*, pero nunca terminé el nuevo. Está en pedazos.

Y en pedazos estaba. Después de leer las diversas secciones, decidí que el libro tenía mérito y precisaba ser compartido, sobre todo en estos tiempos cambiantes. Aceptamos ser los coautores del libro de Robert.

Le pregunté cuánta información financiera pensaba que necesitaba un niño. Contestó que dependía del niño. Él supo desde muy joven que quería ser rico y tuvo la suerte de tener un padre rico que estaba dispuesto a guiarlo. "La educación es la base del éxito", dijo Robert. Y así como los conocimientos escolares son sumamente importantes, también lo son los financieros y la facilidades de comunicación.

Lo que sigue es la historia de los dos papás de Robert, uno rico y uno pobre que expone los conocimientos adquiridos durante toda una vida. El contraste entre los dos papás proporciona una importante perspectiva. El libro ha sido apoyado, revisado y recopilado por mí. Cualquier contador que lea este libro, intente olvidarse de sus conocimientos académicos y abra su mente a las teorías que Robert postula. Aunque muchas desafían los principios mismos y generalmente aceptados de la contabilidad, proporcionan una aguda visión de cómo los verdaderos inversionistas analizan sus decisiones de inversión.

Cuando, como padres, aconsejamos a nuestros hijos que "vayan a la escuela, estudien duro y consigan un buen trabajo" a menudo lo hacemos por hábito. Siempre ha sido lo correcto. Cuando conocí a Robert, inicialmente sus ideas me sobresaltaron. Habiendo sido criado por dos papás, le habían enseñado a luchar por alcanzar dos metas diferentes. Su papá educado le aconsejó que trabajara para una empresa. Su papá rico le aconsejó que fuera dueño de la empresa. Ambos caminos requieren estudios, pero las asignaturas eran completamente diferentes. Su papá educado animó a Robert a que fuera una persona inteligente. Su papá rico le animó a saber contratar a personas inteligentes.

Tener dos papás causó muchos problemas. El verdadero papá de Robert era el superintendente de educación del estado de Hawai. Cuando Robert cumplió 16 años, la amenaza de "Si no consigues buenas notas, no conseguirás un buen trabajo" tenía poco efecto. Él ya sabía que su carrera era ser propietario de empresas, no trabajar para ellas. De hecho, si no hubiera sido por un sagaz y persistente consejero en la escuela secundaria, Robert podría no haber ido a la universidad. Él lo admite. Estaba deseoso por empezar a acumular sus activos, pero finalmente entendió que la educación universitaria también le beneficiaría.

Verdaderamente, las ideas de este libro son quizás demasiado remotas y radicales para la mayoría de los padres de hoy. Algunos se conforman con que sus hijos vayan a la escuela. Pero en un mundo en constante cambio, como padres necesitamos ser receptivos a ideas nuevas y atrevidas. Animar a los niños a ser empleados es aconsejarles a pagar más impuestos de por vida, con poca o ninguna esperanza de recibir una pensión. Verdaderamente, los impuestos son el gasto más importante de una persona. De hecho, la mayoría de las familias trabaja desde enero hasta a mediados de mayo para el gobierno, sólo para pagar sus impuestos. Se precisan nuevas ideas y este libro las aporta.

Robert dice que los ricos enseñan a sus hijos de otra forma. Enseñan a sus hijos en casa, alrededor de la mesa a la hora de cenar. Estas ideas pueden no ser las que usted decida discutir con sus niños, pero gracias por haberlas mirado. Yo les aconsejo que sigan indagando. En mi opinión de madre y de Contadora Pública Autorizada, el concepto de solamente sacar buenas notas y encontrar un buen trabajo es una idea vieja. Necesitamos aconsejar a nuestros hijos con una mayor sofisticación. Necesitamos nuevas ideas y una educación diferente. Quizás decirle a nuestros hijos que luchen por ser buenos empleados así como por ser propietario de una empresa de inversiones no sea una mala idea.

Como madre, espero que este libro ayude a otros padres. Robert confía poder transmitir a las personas que cualquiera puede lograr la prosperidad si así lo decide. Si es jardinero, conserje o, incluso, si está desempleado, usted tiene la capacidad de educarse y enseñar a los que quiere a cuidarse financieramente. Recuerde que inteligencia financiera es el proceso mental por el que solucionamos nuestros problemas financieros.

Hoy en día estamos enfrentando enormes cambios globales y tecnológicos, mayores a los enfrentados antaño. Nadie tiene una bola de cristal, pero hay algo seguro: El futuro promete cambios más allá de nuestra comprensión. Quién sabe lo que el futuro traerá. Pero pase lo que pase, tenemos dos opciones fundamentales: jugar seguro o jugar de manera inteligente, preparándonos, educándonos y despertando nuestro propio talento financiero y el de nuestros hijos.

—Sharon Lechter

Para recibir un INFORME DE AUDIO GRATIS
"Lo que mi papá rico me enseñó sobre el dinero",
lo único que debe hacer es visitar nuestro website :
www.richdadbook1.com.

Gracias.

Papá rico, papá pobre

Capítulo Uno

Papá rico, papá pobre

Narrado por Robert Kiyosaki

Yo tenía dos padres, uno rico y uno pobre. Uno era muy educado e inteligente; tenía un doctorado y había completado cuatro años de estudios en menos de dos años. Continuó en la Universidad de Stanford, la Universidad de Chicago, y la Universidad del Noroeste para hacer un postgrado, todo becado. El otro padre nunca acabó octavo grado.

Ambos hombres tuvieron éxito en sus carreras, trabajando duro todas sus vidas. Los dos obtuvieron buenos ingresos. A pesar de lo cual, uno tuvo apuros financieros toda su vida. El otro se convertiría en uno de los hombres más ricos de Hawai. Uno se murió dejando muchos millones de dólares a su familia, a obras benéficas y a su iglesia. El otro sólo dejó deudas.

Ambos hombres eran fuertes, carismáticos e influyentes. Ambos hombres me ofrecieron consejo, pero no me aconsejaron las mismas cosas. Ambos hombres creyeron intensamente en la educación pero no recomendaron las mismas asignaturas.

Si yo hubiera tenido sólo un papá, habría podido aceptar o rechazar su consejo. Tener dos papás que me aconsejaban me dio la opción de contrastar puntos de vista; el de un hombre rico y el de un hombre pobre.

En lugar de simplemente aceptar o rechazar uno u otro, me vi pensando más, comparando y decidiendo por mí mismo. El problema era que el hombre rico todavía no era rico, y el hombre pobre todavía no era pobre. Los dos simplemente estaban empezando sus carreras, y los dos estaban luchando con el dinero y con sus familias. Pero tenían puntos de vista muy distintos sobre el dinero. Por ejemplo, un papá decía: "El amor al dinero es la raíz de todo el mal". El otro: "La falta de dinero es la raíz de todo el mal".

De joven, tener dos padres fuertes influyéndome era difícil. Quería ser un buen hijo y escucharles, pero los dos padres no decían las mismas cosas. El contraste de sus puntos de vista, sobre todo en lo concerniente al dinero, era tan extremo que me intrigó y volvió curioso. Empecé a pensar durante largos periodos de tiempo sobre lo que cada uno estaba diciendo.

Pasé mucho tiempo reflexionando y preguntándome cosas como "¿por qué dice eso?", y haciéndome la misma pregunta del otro papá. Habría sido más fácil decir, simplemente, "Sí, tiene razón". "Estoy de acuerdo". O rechazar el punto de vista diciendo: "El viejo no sabe de lo que habla". En cambio, tener dos papás a quienes quería me obligó a pensar y, finalmente, a escoger una manera propia de pensar. Como proceso, elegir por mí mismo fue a la larga mucho más valioso que aceptar o rechazar un solo punto de vista.

Una de las razones por las que el rico se hace más rico, y los pobres se hacen más pobres, y la clase media lucha con sus deudas es porque la asignatura del dinero se enseña en casa y no en la escuela. La mayoría de nosotros aprende sobre el dinero por nuestros padres. ¿Y qué puede un padre pobre decir a su hijo sobre el dinero? Lo único que dicen es "Quédate en la escuela y aplícate". El niño puede graduarse con excelentes notas pero con la programación financiera y disposición de un pobre. Lo aprende de joven.

El dinero no se enseña en las escuelas. Las escuelas se centran en conocimientos escolares y profesionales, pero no en conocimientos financieros. Esto explica cómo los banqueros, doctores y contadores inteligentes que sacaron excelentes notas en la escuela luchan financieramente todas sus vidas. Nuestra asombrosa deuda nacional es el fruto de políticos y oficiales del gobierno bien educados que toman decisiones financieras con poca o ninguna preparación en la asignatura del dinero.

A menudo miro el nuevo milenio y me pregunto que pasará cuando tengamos millones de personas que necesiten ayuda financiera y médica. Dependerán financieramente de sus familias o del gobierno. ¿Qué pasará cuando se acabe el dinero del Seguro Médico Estatal y el Seguro Social? ¿Cómo sobrevivirá una nación si la enseñanza sobre el dinero continúa en manos de los padres, la mayoría de los cuales será, o ya es, pobre?

Porque tenía dos padres influyentes, aprendí de los dos. Tenía que pensar en los consejos de cada uno, y al hacerlo adquirí valiosos conocimientos sobre el poder y efecto de los propios pensamientos en la vida de uno. Por ejemplo, un papá tenía la costumbre de decir: "No puedo permitirme el lujo". El otro papá prohibió usar esas palabras. Insistía en que dijera: "¿Qué puedo hacer para permitirme ese lujo?". Uno es una afirmación, el otro una pregunta. Uno te libra, y el otro te fuerza a pensar. Mi papá que pronto sería rico me explicaba que al decir automáticamente "no puedo permitirme ese lujo", la mente dejaba de trabajar. Preguntándose "¿qué puedo hacer para permitirme ese lujo?", la mente se pone a trabajar. No significaba que se comprara todo cuanto quisiera. Era un fanático de ejercitar la mente, la computadora más poderosa del mundo. Mi mente es cada día más fuerte porque la ejercito. Cuanto más fuerte se vuelve, más dinero puedo ganar. Mi papá rico creía que decir automáticamente "no puedo permitirme ese lujo" era señal de pereza mental.

Aunque ambos papás trabajaban mucho, noté que uno tenía la costumbre de adormecer su cerebro en cuestiones de dinero y que el otro tenía la costumbre de ejercitarlo. El resultado a largo plazo fue que ese papá se volvió financieramente más fuerte y el otro más débil. Es como una persona que va al gimnasio para hacer ejercicio regularmente y otra que se sienta en el sofá a ver la televisión. Un ejercicio físico apropiado aumenta la salud, y un ejercicio mental apropiado aumenta sus oportunidades de riqueza. La pereza disminuye tanto la salud como la riqueza.

Mis dos papás pensaban de forma totalmente opuesta. Un papá pensó que el rico debe pagar más impuestos y cuidar de los menos afortunados. El otro decía que los impuestos castigan a los que producen y premian a los que no producen.

Un papá recomendaba: "Estudia duro para que puedas encontrar trabajo en una buena empresa". El otro recomendaba: "Estudia duro para que puedas encontrar una buena empresa para comprar".

Un papá decía: "El motivo de no ser rico es porque tengo hijos. El otro decía: "La razón por la cual debo ser rico es porque tengo hijos".

Uno nos animaba a hablar de dinero y de negocios durante la cena. El otro prohibió que se hablara de dinero durante las comidas.

Uno decía: "En lo que respecta al dinero, sé cauteloso, no te arriesgues". El otro decía: "Aprende a manejar el riesgo".

Uno creía: "Nuestra casa es nuestra mayor inversión y nuestro mejor activo". El otro creía: "Mi casa es una pasivo, y si su casa es su mayor inversión, tiene problemas".

Ambos papás pagaban sus cuentas a tiempo, pero uno las pagaba al principio y el otro las pagaba al final.

Un papá creía que la empresa o el gobierno debían ocuparse de cuidarlo y atender sus necesidades. Siempre estaba preocupado por los aumentos de sueldo, los planes de jubilación, los beneficios médicos, la licencia por enfermedad, los días de vacaciones y otros extras. Estaba impresionado con dos de sus tíos que se habían enlistado en el Ejército y después de veinte años de servicio activo consiguieron una jubilación y un paquete de beneficios vitalicios. Le encantaban los beneficios médicos y privilegios de economato que el Ejército proporcionaba a sus jubilados. También le gustaba los puestos vitalicios disponibles en la universidad. La idea de un trabajo seguro de por vida y sus beneficios eran a veces más importante que el trabajo en sí. A menudo decía: "He trabajado duro para el gobierno y me merezco estos beneficios".

El otro creía en la independencia financiera. Se expresaba contra la mentalidad de los "merecer beneficios." Estaba creando personas débiles y financieramente necesitadas. Era enfático sobre ser financieramente competente.

Un papá luchaba por ahorrar unos dólares. El otro simplemente creaba inversiones.

Un papá me enseñó cómo preparar un impresionante curriculum vitae para poder encontrar un buen trabajo. El otro me enseñó cómo preparar un buen plan de negocio y un buen plan financiero para poder crear los puestos de trabajo.

Siendo producto de dos papás fuertes me proporcionó el lujo de observar los efectos que ambos tipos de mentalidad tienen en la vida de uno. Observé que las personas determinan sus vidas por sus pensamientos.

Por ejemplo, mi papá pobre siempre decía, "nunca seré rico". Y esa profecía se volvió realidad. Por otro lado, mi papá rico siempre hablaba de sí mismo como si fuera rico. Decía cosas como: "soy un hombre rico, y los ricos no hacen esto". Incluso cuando estaba arruinado, después de un gran fracaso financiero, continuaba refiriéndose a sí mismo como un hombre rico. Se defendía diciendo: "Hay una diferencia entre ser pobre y estar arruinado. Estar arruinado es temporal, ser pobre es eterno".

Mi papá pobre también decía: "No estoy interesado en el dinero"; o: "El dinero no importa". Mi papá rico siempre decía: "El dinero es poder".

El poder de nuestros pensamientos nunca puede medirse o apreciarse, pero desde joven me resultaba obvio estar consciente de mis pensamientos y de cómo los expresaba. Notaba que mi papá pobre no era pobre por el dinero que ganaba sino por sus pensamientos y acciones. Como joven con dos padres, me tomé el trabajo de ser cuidadoso con los pensamientos que elegía como propios. ¿A quién debo escuchar, a mi papá rico o mi papá pobre?

Aunque ambos hombres tenían un tremendo respeto por la educación y el aprendizaje discrepaban en lo que pensaban era importante aprender. Uno quería que yo estudiara duro, consiguiera un título y un buen trabajo y que trabajara para ganar dinero. Quería que me hiciera un profesional, abogado, contador o que fuera a una escuela de negocios a sacarme un MBA. El otro me animó a que estudiara para ser rico, para entender cómo funciona el dinero y cómo hacerlo trabajar para mí. "Yo no trabajo para el dinero!", era lo que repetía sin parar. "¡El dinero trabaja para mí!"

A los 9 años, decidí escuchar y aprender de mi papá rico sobre el dinero. Al decidirlo, opté por no escuchar a mi papá pobre, aunque él era quien tenía todos los títulos universitarios.

Una lección de Robert Frost

Robert Frost es mi poeta favorito. Aunque me gustan muchas de sus poesías, mi favorita es "El camino no tomado". Yo aplico sus enseñanzas casi a diario:

El camino no tomado

Dos caminos divergieron en un bosque amarillo,
y afligido por no poder ambos tomar
y ser solo un viajero, me quedé tiempo de pie
y miré uno de ellos tanto como pude
por dónde doblaba en la maleza;

Entonces tomando el otro, como igual de justo,
y teniendo quizás mejor demanda,
porque era herboso y quería uso
aunque por eso mismo el paso
los había gastado realmente lo mismo,

Y ambos esa mañana igualmente estaban
en las hojas ningún paso había pisado negro.
¡Oh, yo guardé el primero para otro día!
Sabiendo cómo el camino lleva hacia el camino,
yo dudé si regresaría en la vida.

Yo estaré diciendo esto con un suspiro
en alguna parte años ha;
Dos caminos divergieron en un bosque,
y yo tomé el menos viajado,
y eso ha representado toda la diferencia.

Robert Frost (1916)

Y eso representó toda la diferencia.

Durante años he reflexionado frecuentemente sobre la poesía de Robert Frost. La decisión de no escuchar los consejos de mi papá muy educado y su actitud respecto al dinero fue dolorosa, pero fue una decisión que definió el resto de mi vida.

Una vez que determiné a quien iba a escuchar, empezó mi educación sobre el dinero. Mi papá rico me enseñó durante 30 años, hasta que tuve 39. Paró cuando comprendió que ya había entendido todo lo que había estado intentando meterme en mi dura cabeza.

El dinero es una forma de poder. Pero todavía más poderosa es la educación financiera. El dinero va y viene, pero si estás educado respecto a cómo funciona el dinero, lo dominas y puede empezar a construir una fortuna. La razón por la que pensar positivo no funciona exclusivamente es porque la mayoría de la gente fue a la escuela y nunca aprendió cómo funciona el dinero, entonces pasa su vida trabajando por dinero.

Como sólo tenía 9 años cuando empecé, las lecciones que mi papá rico me enseñaba eran sencillas. De hecho hubo sólo seis lecciones principales, repetidas durante 30 años. Este libro trata sobre esas seis lecciones, presentadas lo más fácilmente posible, que mi papá rico me enseñó. Las lecciones no suponen ser respuestas sino postes indicadores. Postes indicadores que le ayudarán a usted y a sus hijos a ser más ricos a pesar de lo que pueda ocurrir en un mundo de cambio creciente e incertidumbre.

El rico no trabaja por dinero

—Papá, ¿me puedes decir cómo hacerme rico?

Mi papá soltó el periódico de la tarde. —Hijo, ¿para qué quieres hacerte rico?

—Porque la mamá de Jimmy hoy lo vino a buscar en su Cadillac nuevo, y se fueron el fin de semana a la casa de la playa. Se llevó a tres amigos, pero a Mike y a mi no nos invitó. Nos dijeron que no nos invitaban porque éramos "pobres".

—¿De verdad? —preguntó mi papá incrédulo.

—Sí, de verdad —contesté con tono herido.

Mi papá agitó la cabeza silenciosamente, se subió las gafas al puente de la nariz y continuó leyendo el periódico. Me quedé de pie esperando una respuesta.

Era el año 1956. Tenía 9 años. Por algún capricho del destino asistía a la misma escuela pública dónde los ricos enviaban a sus hijos. Eramos un pueblo dedicado a las plantaciones de azúcar. Los gerentes de la plantación y los otros ricos del pueblo, como los médicos, los propietarios comerciales y los banqueros, enviaban a sus hijos a esta escuela, grados 1 a 6. Después del sexto grado, generalmente enviaban a sus hijos a escuelas privadas. Como mi familia vivía en un lado de la calle, fui a esta escuela. Si hubiera vivido del otro lado, habría ido a una escuela diferente, con niños de familias más parecidas a la mía. Después del sexto grado estos niños y yo seguiríamos a la escuela intermedia pública y a la escuela secundaria. No había escuela privada ni para ellos ni para mí.

Mi papá dejó por fin el periódico. Se notaba que estaba pensando.

—Bien, hijo —empezó despacio—. Si quieres ser rico, tienes que aprender a ganar dinero.

—¿Y cómo gano dinero? —pregunté.

—Hijo, pues usando la cabeza—dijo sonriendo—. Lo que significaba o "Eso es todo lo que voy a decirte". O, "no sé la respuesta, así que no me avergüences".

Se crea una sociedad

A la mañana siguiente le dije a mi mejor amigo, Mike, lo que me había dicho mi papá. Me parecía que Mike y yo éramos los únicos niños pobres en esta escuela. Igual que yo, Mike estaba en esta escuela por un capricho del destino. Alguien había trazado la línea del distrito escolar y acabamos en la escuela con los niños ricos. No es que fuéramos muy pobres, pero nos sentíamos como si lo fuésemos porque todos los otros niños tenían guantes de béisbol nuevos, bicicletas nuevas, todo nuevo.

Mamá y papá nos proporcionaban lo básico, la comida, un techo, la ropa. Pero eso era todo. Mi papá decía: "Si quieren algo, trabajen para conseguirlo". Nosotros queríamos muchas cosas, pero no había muchos trabajos disponibles para niños de 9 años.

—¿Y qué hacemos para ganar dinero? —preguntó Mike.

—No sé, contesté—. Pero ¿quieres ser mi socio?

Accedió y ese mismo sábado por la mañana Mike se convirtió en mi primer socio comercial. Estuvimos toda la mañana ideando cómo hacer dinero. De vez en cuando hablábamos de los afortunados que se divertían en la casa de la playa de Jimmy. Nos dolía un poco, pero ese dolor era positivo porque nos inspiró a seguir pensando la forma de ganar dinero. Finalmente, esa tarde, una rayo iluminó nuestras cabezas. Era una idea que Mike había sacado de un libro de ciencias. Temblorosamente nos dimos la mano y la sociedad ya tenía un negocio.

Durante las siguientes semanas, Mike y yo fuimos por nuestro barrio golpeando puertas y pidiendo a nuestros vecinos que nos guardaran sus tubos de pasta dentífrica vacíos. Confundidos, la mayoría de los adultos asentía con una sonrisa. Algunos nos preguntaron qué estábamos haciendo. A lo que contestábamos: "No podemos decírselo. Es un secreto comercial".

A medida que pasaban las semanas mi madre estaba cada vez más molesta. Habíamos elegido un lugar al lado de la lavadora para almacenar nuestra materia prima. En una caja de cartón marrón, que en un tiempo había albergado salsa de tomate, pusimos nuestro pequeño montón de tubos de pasta dentífrica vacíos que pronto empezó a crecer.

Finalmente mi mamá se enojó. La visión de los tubos de pasta dentífrica usados, sucios y arrugados de sus vecinos, la había afectado. —Niños, ¿qué están haciendo? —preguntó—. Y no quiero oír de nuevo que es un secreto comercial. Hagan algo con este tinglado o lo tiro.

Mike y yo rogamos e imploramos, explicando que pronto tendríamos suficientes y que empezaríamos la producción. Le informamos que estábamos esperando a que un par de vecinos terminaran de agotar su pasta dentífrica para conseguir sus tubos. Mamá nos concedió una semana de extensión.

La fecha para empezar la producción se adelantó. La presión estaba servida. Mi primera sociedad ya estaba amenazada con un aviso de desalojo de nuestro almacén por mi propia mamá. Correspondió a Mike informar a los vecinos que terminaran rápidamente su pasta dental, diciéndoles que seguro su dentista querría que se cepillaran más a menudo. Empecé a preparar la cadena de producción.

Un día mi papá vino con un amigo y se encontró con dos niños de nueve años en la entrada del garaje con una cadena de producción que operaba a toda velocidad. Había polvo blanco fino por todas partes. En una mesa larga había cartones de leche pequeños de la escuela, y la parrilla familiar brillaba con las briquetas de carbón al rojo vivo.

Papá caminó cautelosamente, teniendo que estacionar el automóvil abajo de la entrada al garaje ya que la cadena de producción bloqueaba su entrada. Cuando él y su amigo se acercaron, vieron una olla de acero encima del carbón repleta de tubos de pasta dentífrica fundiéndose. En aquel entonces la pasta dentífrica no venía en tubos de plástico. Los tubos estaban hechos de estaño. Cuando se quemaba, la pintura exterior se ponían en la pequeña olla de acero y se fundían hasta que se volvían líquidos, y con las manoplas de cocina de mi mamá vertíamos el estaño por un pequeño agujero en la parte superior de los cartones de leche.

Los cartones de leche estaban llenos de yeso. El polvo blanco que estaba por todas partes era el yeso antes de que lo mezcláramos con el agua. En el apuro había volcado la bolsa y parecía que hubiera caído una tormenta de nieve. Los cartones de leche eran los recipientes exteriores para los moldes de yeso.

Mi papá y su amigo observaban como vertíamos cuidadosamente el estaño por un pequeño agujero en la cima del cubo de yeso.

—Cuidado —dijo mi papá.

Asentí sin mirarle.

Finalmente, cuando acabé de vertirlo, solté la olla de acero y le sonreí a mi papá.

—¿Qué están haciendo niños? —preguntó con sonrisa cautelosa.

—Estamos haciendo lo que nos dijiste que hiciéramos. Vamos a ser ricos —dije.

—Así es —dijo Mike, asintiendo con una amplia sonrisa—. Somos socios.

—Y ¿qué hay en aquellos moldes de yeso? —preguntó papá.

—Observa —dije—. Este debe ser un buen lote.

Con un martillo pequeño golpeé en la raya que dividía el cubo por la mitad. Con cuidado, tiré de la mitad del molde de yeso superior y cayó un penique de níquel.

—¡Dios mío! —dijo mi papá—. Están fundiendo peniques de estaño.

—Así es —dijo Mike—. Estamos haciendo lo que usted nos aconsejo que hiciéramos. Estamos ganando dinero.

El amigo de mi papá se dio la vuelta y estalló en carcajadas. Mi papá sonrió y agitó la cabeza. Delante de él, al lado del fuego y de una caja llena de tubos de pasta dentífrica vacíos, había dos niños cubiertos de polvo blanco que sonreían de oreja a oreja.

Nos pidió que dejáramos todo y que nos sentáramos con él en las escalerillas delante de la casa. Con una sonrisa, nos explicó sutilmente el significado de la palabra falsificación.

Nuestros sueños se desvanecieron.

—¿Quieres decir que esto es ilegal? —preguntó Mike con voz temblorosa.

—Déjales —dijo el amigo de papá—. Están desarrollando su talento natural.

Mi papá le miró malhumorado.

—Sí, es ilegal —dijo papá suavemente—. Pero han demostrado una gran creatividad y originalidad. Continúen. ¡Estoy muy orgulloso de ustedes!

Defraudados, Mike y yo nos sentamos en silencio durante casi veinte minutos antes de empezar a limpiar nuestro tinglado. El negocio había terminado el mismo día de su apertura. Mientras barría el polvo, miré a Mike y le dije: "Supongo que Jimmy y sus amigos tienen razón. Somos pobres".

Mi padre estaba a punto de salir cuando me oyó decir eso.

—Chicos —dijo—. Sólo son pobres si se rinden. Lo importante es que han hecho algo. La mayoría de la gente sólo habla y sueña con hacerse rica. Ustedes hicieron algo. Estoy muy orgulloso de ustedes dos. Se los repito. Sigan. No se den por vencidos.

Mike y yo nos quedamos parados en silencio. Eran palabras de ánimo pero aun no sabíamos qué hacer.

—Papá y ¿porque no eres rico? —pregunté.

—Porque escogí ser profesor. Un verdadero profesor no piensa en hacerse rico. Lo único que nos gusta es enseñar. Me gustaría ayudarlos, pero no sé cómo se gana dinero.

Mike y yo nos volvimos y continuamos con nuestra limpieza.

—No sé —dijo mi papá—. Chicos, si quieren aprender a ser ricos, no me pregunten a mí. Hablen con tu papá, Mike.

—¿Mi papá? —preguntó Mike arrugando el ceño.

—Sí, tu papá —repitió el mío con una sonrisa—. Tú papá y yo tenemos el mismo banquero, y él está fascinado con tu padre. Me ha dicho varias veces que tu padre es un genio para ganar dinero.

—¿Mi papá? —preguntó Mike con escepticismo. —Entonces ¿cómo es que no tenemos un buen coche y una buena casa como los niños ricos de la escuela?

—Un buen automóvil y una buena casa no significan ser rico o saber ganar dinero, contestó mi papá. El papá de Jimmy trabaja para la plantación de azúcar. Y no es muy distinto a mí. Trabaja para una compañía, y yo trabajo para el gobierno. La compañía le compró el automóvil. Pero la compañía de azúcar tiene problemas financieros, y el papá de Jimmy puede perderlo todo pronto. El papá de Mike es diferente. Parece estar construyendo un imperio y sospecho que en unos años será un hombre muy rico.

Con eso, Mike y yo de nuevo nos animamos. Con vigor renovado continuamos limpiando el enredo causado por nuestro ahora difunto primer negocio. Mientras limpiábamos, planeábamos cómo y cuándo hablar con el papá de Mike. El problema era que el papá de Mike trabajaba muchas horas y a menudo no llegaba a casa hasta tarde. Su padre era propietario de almacenes, una compañía de construcción, una cadena de tiendas, y tres restaurantes. Eran los restaurantes lo que lo hacían llegar tarde.

Cuando terminamos de limpiar, Mike se fue a casa en autobús. Cuando llegara esa noche a casa iba a hablar con su papá y le iba a preguntar si podía enseñarnos a hacernos ricos. Mike prometió llamarme, aunque fuera tarde, en cuanto hablara con su papá.

El teléfono sonó a las 8:30 de la noche.

—Hola —dije—. El próximo sábado.

Y colgué el teléfono. El papá de Mike estaba de acuerdo en reunirse conmigo y con Mike.

A las 7:30 de la mañana del sábado, cogí el autobús hacia la parte pobre del pueblo.

Empiezan las lecciones:

—Les pagaré diez centavos la hora.

Incluso para los niveles de sueldo de 1956, diez centavos la hora era muy poco.

Michael y yo nos encontramos con su papá a las 8 de la mañana. Andaba ocupado y llevaba trabajando más de una hora. Su supervisor de obras salía en su camioneta cuando me dirigía a su sencilla, pequeña y ordenada casa. Mike me encontró en la puerta.

—Papá está al teléfono, dijo que le esperáramos en el porche de atrás —dijo Mike abriéndome la puerta.

El suelo de madera viejo crujió cuando crucé el umbral de esta envejecida casa. Había una humilde alfombrilla en el interior. La alfombrilla ocultaba los daños ocasionados por el uso y las innumerables pisadas que el suelo había aguantado. Aunque estaba limpia hacía falta cambiarla.

Sentí que me ahogaba al entrar en la estrecha sala repleta de enorme mobiliario mohoso y viejo que hoy serían antigüedades. En el sofá había dos mujeres sentadas, un poco más mayores que mi mamá. Frente a las mujeres estaba sentado un hombre vestido de obrero. Vestía pantalones y camisa caquis, perfectamente planchados sin almidonar, y unas pulidas botas de trabajo. Tendría unos diez años más que mi papá, unos 45 años aproximadamente. Sonrieron cuando Mike y yo caminamos delante de ellos hacia la cocina que lleva al porche desde donde se veía el patio trasero. Les devolví la sonrisa tímidamente.

—¿Quién son esos? —pregunté.

—Ah, trabajan para mi papá. El hombre más mayor está encargado de los almacenes y las mujeres son gerentes de los restaurantes. Y ya viste al supervisor de obras que trabaja en un proyecto de carreteras a 50 millas de aquí. El otro supervisor que está construyendo un conjunto residencial de viviendas salió antes de que llegaras.

—¿Esto es siempre así? —pregunté.

—No siempre, pero bastante a menudo—dijo Mike sonriendo y acercando una silla para sentarse a mi lado.

—Le pregunté si nos enseñaría a ganar dinero —dijo Mike .

—Ah, y ¿qué dijo? —pregunté con curiosidad circunspecta.

—Bueno, al principio tenía una expresión medio cómica en la cara, pero después dijo que nos haría una oferta.

—Ah —dije, meciéndome en la silla contra la pared; me quedé allí sentado encaramado en las patas traseras de la silla.

Mike hizo lo mismo.

—¿Sabes cuál es la oferta? —pregunté.

—No, pero pronto lo averiguaremos.

El papá de Mike irrumpió de repente por la enclenque puerta protectora hacia el porche. Mike y yo saltamos y nos cuadramos no por respeto sino porque nos había sobresaltado.

—¿Chicos, están listos? —preguntó el papá de Mike tirando de una silla para sentarse con nosotros.

Asentimos con la cabeza y separamos nuestras sillas de la pared para sentarnos delante de él.

Era un hombre grande, de unos seis pies de alto y 200 libras de peso. Mi papá era aun más alto, sobre el mismo peso y cinco años mayor que el papá de Mike. Tenían un parecido aunque no eran del mismo grupo étnico. Quizás su energía era similar.

—¿Mike me cuenta que quieres aprender a ganar dinero? ¿Es así, Robert?

Asentí rápidamente con la cabeza un poco intimidado. Sus palabras y su sonrisa transmitían mucho poder.

—Bien, aquí está mi oferta. Les enseñaré, pero no lo haré como en un aula. Trabajarán para mí, y así les enseñaré. Si no trabajan para mí, no les enseñaré. Si trabajan puedo enseñarles más rápidamente, pero me harían perder el tiempo si la único que quieren hacer es sentarse a escuchar, como hacen en la escuela. Esa es la oferta. La toman o la dejan.

—Bien . . . ¿puedo hacerle primero una pregunta? —inquirí.

—No. La tomas o la dejas. Tengo demasiado trabajo para estar perdiendo el tiempo. Si no puedes decidirte resueltamente, tampoco podrás aprender nunca a ganar dinero . Las oportunidades vienen y van. Saber cuándo hay que tomar una decisión rápidamente es una habilidad importante. Tienes la oportunidad que pediste. La escuela está empezando o está terminado en diez segundos —el papá de Mike dijo con una sonrisa bromista.

—La tomo —dije.

—La tomo —dijo Mike.

—Bien —dijo el papá de Mike—. La Sra. Martin vendrá dentro de diez minutos. Cuando haya terminado con ella, la acompañan a mi tienda y pueden empezar a trabajar. Les pagaré diez centavos la hora y trabajarán tres horas todos los sábados.

—Pero hoy tengo un juego de pelota —añadí.

El papá de Mike bajó el tono de su voz.

—Lo tomas o lo dejas.

—Lo tomo—contesté, escogiendo trabajar y aprender en lugar de jugar pelota.

30 centavos después

A las 9 de la mañana de un precioso sábado, Mike y yo estábamos trabajando para la Señora Martin. Era una mujer simpática y paciente. Decía que Mike y yo le recordábamos a sus dos hijos mayores que ya se habían ido de casa. Aunque era amable, creía en trabajar duro y nos hacía trabajar. Era buena organizadora. Pasábamos tres horas bajando latas de conservas de los estantes y con un plumero suave les quitábamos el polvo una a una, y las colocábamos de nuevo ordenadamente. Era un trabajo insoportablemente aburrido.

El papá de Mike, a quien llamo mi papá rico, era propietario de nueve pequeños establecimientos con grandes estacionamientos. Eran una versión anterior a las tiendas 7/11. Tiendas de comestibles pequeñas de barrio donde se compran cosas como leche, pan, mantequilla y cigarrillos. El problema era que estaban en Hawai antes de que existiera aire acondicionado y no se podían cerrar las puertas debido al calor. Las puertas que daban a la carretera y al estacionamiento tenían que estar bien abiertas a ambos lados de la tienda. Cada vez que pasaba o estacionaba un automóvil, el polvo se arremolinaba y entraba en la tienda.

Así que mientras no hubiera aire acondicionado tendríamos trabajo.

Durante tres semanas, Mike y yo reportábamos a la Señora Martin y trabajábamos nuestras tres horas. A mediodía, terminábamos nuestro trabajo y ella nos ponía en la mano tres pequeños centavos. Incluso a los nueve años, durante los años cincuenta, 30 centavos no eran demasiado emocionante. Por aquél entonces las historietas costaban diez centavos y por eso generalmente gastaba mi dinero en historietas y me iba a casa.

El miércoles de la cuarta semana, estaba listo para renunciar. Había accedido a trabajar sólo porque quería aprender del papá de Mike a ganar dinero, y ahora era un esclavo por 10 centavos la hora. Encima de eso, no había visto al papá de Mike desde ese primer sábado.

—Renuncio —dije a Mike a la hora del almuerzo. El almuerzo del colegio era espantoso. La escuela aburrida, y ahora ni tan siquiera tenía la ilusión de los sábados. Pero los 30 centavos eran lo que realmente me molestaban.

Esta vez Mike sonrió.

—¿De qué te estás riendo? —pregunté con enojo y frustración.

—Papá dijo que esto ocurriría. Dijo que nos encontráramos con él cuando estuvieras listo para renunciar.

—¿Cómo? —dije indignado—. ¿Ha estado esperando que me harte?

—Más bien —dijo Mike—. Papá es un tipo especial. Enseña diferente que el tuyo. Tus padres aleccionan mucho. Mi papá es un hombre callado, de pocas palabras. Espera hasta este sábado. Le diré que estás listo.

—¿Me han tendido una trampa?

—Realmente no, pero quien sabe. Papá te lo explicará todo el sábado.

Esperando el sábado en la cola

Estaba listo y preparado para enfrentarlo. Incluso mi propio papá estaba molesto con él. Mi verdadero papá, al que yo llamo el pobre, pensaba que mi papá rico estaba violando las leyes de protección del menor y que debería ser investigado.

Mi pobre y educado papá me dijo que exigiera lo que me merecía. Por lo menos 25 centavos la hora. Mi papá pobre me dijo que si no conseguía un aumento, renunciara inmediatamente.

—Además, no necesitas ese condenado trabajo —dijo indignado mi papá pobre.

A las 8 de la mañana del sábado, pasaba por la misma carcomida puerta de la casa de Mike.

—Siéntate y espera tu turno —dijo el papá de Mike cuando entré. Se dio la vuelta y desapareció en su pequeña oficina al lado de una alcoba.

Eché una mirada alrededor del cuarto y no vi a Mike en ninguna parte. Sintiéndome torpe, me senté cuidadosamente al lado de las mismas mujeres que estaban en el cuarto semanas antes. Sonrieron y se movieron para hacerme sitio en el sofá.

Transcurrieron cuarenta y cinco minutos y ya estaba echando humo. Las dos mujeres se habían reunido con él hacia treinta minutos y se habían ido. Un señor mayor estuvo durante veinte minutos y también se había ido.

La casa estaba vacía, y yo estaba sentado en su oscura y envejecida sala un día soleado y bonito de Hawai esperando hablar con un rácano que se aprovechaba de los niños. Le oía conversar en la oficina, hablando por teléfono, e ignorándome. Estaba más que listo para largarme, pero por alguna razón me quedé.

Por fin, quince minutos más tarde, exactamente a las 9, el papá rico salió de su oficina y sin pronunciar palabra me hizo una seña con la mano para que entrara en su oscura oficina.

—Tengo entendido que quieres un aumento o vas a dimitir —dijo el papá rico girando en la silla de su oficina.

—Bien, usted no está respetando su parte de la oferta —dije bruscamente casi llorando. En verdad era aterrador para un muchacho de 9 años enfrentarse a un mayor—. Me dijo que me enseñaría si trabajaba para usted. Pues bien, he trabajado para usted. He trabajado bien duro. He dejado mis partidos de béisbol para trabajar para usted. Y no ha respetado su palabra. No me ha enseñado nada. Es un sinvergüenza como opinan todos los del pueblo. Es un avaro. Quiere quedarse con todo el dinero y no se preocupa por sus empleados. Me hace esperar sin ningún respeto. Aunque sólo sea un niño merezco que se me trate bien.

El papá rico se mecía hacia atrás en su silla giratoria, con las manos en su barbilla, mirándome fijamente. Era como si me estuviera estudiando.

—No está mal —dijo—. En menos de un mes, te expresas igual que la mayoría de mis empleados.

—¿Qué? —pregunté. Al no entender lo que me estaba diciendo, continué con mis quejas—. Creí que usted iba a respetar su promesa y me iba a enseñar. En cambio quiere torturarme. Eso es cruel. Eso es muy cruel.

—Te estoy enseñando —dijo el papá rico apaciblemente.

—¿Qué me ha enseñado usted a mí? ¡Nada! dije enojado. —Desde que decidí trabajar por dos duros no ha hablado conmigo ni una sola vez. Diez centavos la hora. ¡Ah! Debería denunciarle a las autoridades. Usted sabe que existen leyes laborales de protección al menor. Sabe que mi papá trabaja para el gobierno.

—¡Estupendo! —dijo el papá rico—. Ahora sí que suenas igual que la mayoría de mis empleados. Los que he echado o los que se han ido.

—Así que, ¿qué tiene usted que decirme? —exigí, sintiéndome bastante valiente para ser un niño—. Usted me mintió. He trabajado para usted, y usted no ha guardado su palabra. Usted no me ha enseñado nada.

—¿Cómo sabes que no te he enseñado nada? —preguntó el papá rico serenamente.

—Pues, nunca ha hablado conmigo. Llevo trabajando tres semanas, y todavía no me ha enseñado nada —dije con mala cara.

—¿Enseñar significa hablar o dar una charla? —preguntó el papá rico.

—Pues, sí.

—Así es cómo te enseñan en la escuela —dijo sonriendo—. Pero así no es como enseña la vida. Diría que la vida es nuestra mejor maestra. La mayoría del tiempo, la vida no te habla. Sólo te golpea. Cada golpe es la vida diciéndote: "Despierta: hay algo que quiero que aprendas".

"Pero de ¿qué habla este hombre?", me preguntaba en silencio. ¿Que si la vida te empuja, que si la vida te habla? Ahora estaba convencido de que tenía que dejar mi trabajo. Estaba hablando con alguien loco de atar.

—Si aprendes las lecciones de la vida, te irá bien. Si no, continuará golpeándote. Las personas hacen dos cosas. Unos dejan que la vida les golpee. Otros se enfadan y devuelven el golpe. Pero golpean a su jefe, a su trabajo, a su marido o a su esposa. No saben que es la vida la que les golpea.

No tenía ni idea de lo que estaba hablando.

—La vida nos golpea a todos. Algunos se rinden. Otros luchan. Unos pocos aprenden la lección y progresan. Aceptan gustosos los golpes de la vida. Estos pocos necesitan, y quieren, aprender algo. Aprenden y siguen. La mayoría abandona, pero unos pocos, como tú, luchan.

El papá rico se puso en pie y cerró la vieja y desvencijada ventana de madera que necesitaba arreglo.

—Si aprendes esta lección, te convertirás en un hombre sabio, rico y feliz. Si no lo haces, te pasarás la vida culpando el trabajo, al bajo sueldo a o tu jefe de tus problemas. Vivirás la vida esperando esa gran oportunidad que solucionará todos tus problemas monetarios.

El papá rico me observaba para ver si lo seguía escuchando. Sus ojos se encontraron con los míos. Nos miramos fijamente intercambiando raudales de comunicación con la mirada. Finalmente, retiré la mirada una vez que absorbí su último mensaje. Supe que tenía razón. Lo estaba culpando y le había pedido aprender. Estaba luchando.

El papá rico continuó:

—Si eres una persona sin agallas, cada vez que la vida te golpee te darás por vencido. Si eres ese tipo de persona vivirás toda la vida jugando seguro, haciendo lo correcto, protegiéndote de algo que nunca pasará. Entonces morirás viejo y aburrido. Tendrás muchos amigos que te apreciarán porque fuiste un tipo bueno y trabajador. Te pasaste la vida jugando seguro, haciendo las cosas correctas. Pero la verdad es que permitiste que los golpes de la vida te llevaran a la sumisión. En lo más profundo de tu ser tenías pánico de tomar riesgos. En realidad querías ganar, pero el miedo de perder fue mayor que el entusiasmo de ganar. En lo más profundo, sólo tú y yo sabremos que nunca te atreviste. Elegiste jugar seguro.

Nuestras miradas se encontraron de nuevo. Nos miramos durante diez segundos, hasta que el mensaje fue recibido.

—¿Usted me ha estado golpeando? —pregunté.

—Algunas personas dirían que sí —sonrió el papá rico—. Yo diría que apenas te dí un gustillo de lo que es la vida.

—¿Qué gustillo de la vida? —pregunté, todavía enfadado pero intrigado. Incluso listo para aprender.

—Ustedes, chicos, son las primeras personas que me han pedido que les enseñe cómo ganar dinero. Tengo más de 150 empleados y ninguno de ellos me ha preguntado qué sé sobre el dinero. Me piden un trabajo y un sueldo, pero nunca que les enseñe sobre el dinero. Así que la mayoría pasarán los mejores años de sus vidas trabajando por dinero, sin entender realmente por lo que están trabajando.

Estaba sentado, escuchando intensamente.

—Así que cuando Mike me dijo que querías aprender a ganar dinero, decidí diseñar un curso próximo a la vida real. Podría hablar hasta la saciedad, pero no escucharías nada. Así que decidí dejar que la vida te golpeara un poco para que pudieras oírme. Por eso sólo te pagué 10 centavos.

—¿Y qué lección he aprendido trabajando por 10 centavos la hora? —pregunté. ¿Que es un roñoso y que se aprovecha de sus trabajadores?

Mi papá rico se meció y rió abiertamente. Finalmente, cuando terminó de reírse, me dijo:

—Más vale que cambies tu forma de pensar. Deja de echarme la culpa, pensando que yo soy el problema. Si piensa que yo soy el problema, entonces tienes que cambiarme. Si comprendes que tú eres el problema, entonces debes cambiar, aprender algo y crecer más sabio. La mayoría de la gente quiere cambiar a todos menos a ellos. Permíteme decirte, es más fácil cambiarse a uno mismo que a todos los demás.

—No le entiendo, dije.

—No me culpes de tus problemas— dijo el papá rico, con impaciencia creciente.

—Pero usted sólo me paga 10 centavos.

—Pero ¿qué es lo que estás aprendiendo? —preguntó sonriendo el papá rico.

—Que usted es un tacaño —dije con una mueca furtiva.

—Ves, piensas que yo soy el problem —dijo el papá rico.

—Pero usted lo es.

—Bueno, continúa con esa actitud y no aprenderás nada. Continúa pensando que yo soy el problema y ¿qué opciones tienes?

—Pues que si usted no me paga más o me muestra más respeto y me enseña, renunciaré.

—Bien dicho —dijo el papá rico—. Y éso es exactamente lo que hace la mayoría de las personas. Renuncian y buscan otro trabajo, una mejor oportunidad, más sueldo, pensando que un nuevo trabajo o más sueldo resolverá el problema. En la mayoría de los casos, no es así.

—¿Y qué resolverá el problema? —pregunté—. ¿Aceptar estos 10 ínfimos centavos por hora y sonreír?

El papá rico sonrió.

—Éso es lo que hacen los demás. Sencillamente aceptan un sueldo sabiendo que ellos y sus familias tendrán problemas financieros. Pero eso es lo que hacen todos, esperan el aumento pensando que más dinero resolverá el problema. La mayoría lo acepta, y algunos consiguen un segundo trabajo trabajando aún más, pero aceptando nuevamente un sueldo bajo.

Estaba sentando mirando fijamente el suelo y empezando a entender la lección que el papá rico estaba presentando.

—¿Y qué es lo que resolverá el problema?

—Esto —dijo golpeándome suavemente la cabeza—. Esta materia entre tus orejas.

Fue en ese momento que el papá rico compartió el punto de vista clave que lo separaba de sus empleados y de mi papá pobre —y que lo convertiría en uno de los hombres más ricos de Hawai mientras mi muy educado pero pobre papá tendría problemas financieros toda su vida. Era un punto de vista singular que haría toda la diferencia por toda la vida.

El papá rico repetía una y otra vez este punto de vista que yo llamo Lección No. 1.

"Los pobres y la clase media trabajan por dinero. El rico hace que el dinero trabaje para él".

En esa luminosa mañana del sábado estaba aprendiendo un punto de vista completamente diferente al que me había enseñado mi papá pobre. A los 9 años, me percaté que ambos papás querían que aprendiera. Ambos papás me animaban a que estudiara . . . pero no las mismas cosas.

Mi instruido papá recomendaba que hiciera lo que él había hecho. "Hijo, quiero que estudies duro y consigas buenas notas para que puedas encontrar un trabajo bueno y seguro en una gran empresa. Y asegúrate de que den buenos beneficios". Mi papá rico quería que yo aprendiera cómo funciona el dinero para que lo hiciera trabajar para mí. Estas lecciones las aprendería a lo largo de mi vida por sus consejos, no en un aula.

Mi papá rico continuó mi primera lección:

—Me alegra que te hayas enfadado por trabajar por 10 centavos la hora. Si no te hubieras enfadado y lo hubieras aceptado alegremente, te hubiera tenido que decir que no te podía enseñar. Ya ves que el verdadero aprendizaje precisa energía, pasión, un deseo ardiente. El enojo es parte importante de esa fórmula porque la pasión es una combinación de enojo y amor. En lo que concierne al dinero, la mayoría de la gente quiere jugar seguro y sentirse segura. Así que no los dirige la pasión sino el miedo.

—¿Por esto aceptan un trabajo mal pagado? —pregunté.

—Sí —dijo el papá rico—. Algunos dicen que soy un explotador porque no pago tanto como la plantación de azúcar o el gobierno. Yo digo que las personas se explotan a sí mismas. Es su miedo, no el mío.

—¿Pero no siente que debería pagarles más?

—No tengo por qué. Y además, más sueldo no resolvería el problema. Mire a su papá. Él gana mucho dinero pero no puede pagar sus facturas. A la mayoría de la gente, si le das más dinero, adeuda todavía más.

—Ese es el motivo de los 10 centavos la hora —dije sonriendo—. Es parte de la lección.

—Así es —sonrió el papá rico—. Como sabes, tu papá fue a la escuela y consiguió una excelente educación para poder conseguir un trabajo bien remunerado. Y eso hizo. Pero todavía tiene problemas de dinero porque no aprendió nada en la escuela sobre el dinero. Y encima de esto, cree en trabajar por dinero.

—¿Y usted no?

—No, verdaderamente no —dijo el papá rico—. Si quieres aprender a trabajar por dinero, quédate en la escuela. Es el mejor sitio para aprender eso. Pero si quieres aprender a que el dinero trabaje para ti, entonces yo te enseñaré. Pero sólo si quieres aprender.

—¿No quieren todos aprender eso? —pregunté.

—No. Porque es más fácil aprender a trabajar por dinero, sobre todo si te asusta el dinero.

—No entiendo —dije frunciendo el ceño.

—Por ahora, no te preocupes de eso. Sólo entiende que es el miedo lo que hace que la mayoría de la gente esté en un trabajo. Miedo a no poder pagar sus cuentas. Miedo a ser despedido. Miedo a no tener suficiente dinero. Miedo a volver a empezar. Ese es el precio de estudiar una profesión o carrera y trabajar por dinero. La mayoría de la gente se vuelve esclava del dinero . . . y entonces se enfada con su jefe.

—¿Aprender que el dinero trabaje para uno es un curso completamente diferente de estudio ?

—Totalmente —contestó el papá rico—, totalmente.

Nos quedamos en silencio en esa preciosa mañana del sábado hawaiano. Mis amigos habrían empezado su juego de béisbol de la Liga Menor. Pero por alguna razón, ahora estaba agradecido de haber decidido trabajar por 10 centavos la hora. Sentía que estaba a punto de aprender algo que mis amigos no aprenderían en la escuela.

—¿Listo para aprender? —preguntó el papá rico.

—Definitivamente —dije con una sonrisa.

—He guardado mi promesa. Te he estado enseñando a distancia. A tus 9 años, has comprobado lo que se siente cuando trabajas por dinero. Sólo multiplica tu último mes por cincuenta años y verás lo que hacen la mayoría de la gente con su vida.

—No entiendo.

—¿Cómo te sentiste esperando en la cola para verme? Una vez para que te contratara y la otra para pedir más dinero.

—Muy mal.

—Si escoges trabajar por dinero así es la vida de muchas personas—, dijo el papá rico.

—Y ¿cómo te sentiste cuándo la Señora Martin te entregaba las tres monedas de diez centavos por tres horas de trabajo?

—Sentía que no era suficiente. Parecía como nada. Me sentía defraudado.

—Pues así se sienten la mayoría de los empleados cuando ven sus sueldos. Sobre todo después de todos los impuesto y otras deducciones que les sacan. Por lo menos tú cobraste el cien por ciento.

—¿Quiere decir que la mayoría de los empleados no cobran todo? —pregunté asombrado.

—¡Cielos no! —dijo el papá rico—. El gobierno siempre cobra primero su parte.

—¿Y cómo hacen eso?

—Impuestos —dijo el papá rico—. Te gravan cuando ganas. Te gravan cuando gastas. Te gravan cuando ahorras. Te gravan cuando te mueres.

—¿Y por qué les permiten hacer eso?

—Los ricos nos les dejan —dijo el papá rico con una sonrisa—. Los pobres y la clase media sí. Apostaría que gano más que tu papá pero él paga más impuestos.

—¿Cómo puede ser eso? —pregunté. A mis nueve años de edad eso no tenía ningún sentido—. ¿Por qué permitirían al gobierno hacer eso?

El papá rico se quedó callado. Supongo que quería que escuchara en lugar de hablar.

Finalmente, me tranquilicé. No me gustó lo que había escuchado. Sabía que mi papá se quejaba constantemente de pagar muchos impuestos, pero nunca hizo nada al respecto. ¿Significaba que la vida lo estaba golpeando?

El papá rico se meció lenta y silenciosamente en su silla y se quedó mirándome.

—¿Listo para aprender? —preguntó.

Asentí despacio.

—Como te dije, hay mucho que aprender. Aprender que el dinero trabaje para ti es una práctica constante. La mayoría de la gente va a la universidad cuatro años y ahí termina su educación. Yo sé que estudiaré el dinero toda mi vida porque cuanto más descubro, más me doy cuenta de todo lo que necesito saber. La mayoría nunca estudia el tema. Van a trabajar, consiguen su sueldo, cuadran su talonario de cheques, y ya está. Y encima se preguntan por qué tienen problemas de dinero. Piensan que con más dinero resolverán el problema. Aunque algunos comprenden que el problema es su falta de educación financiera.

—¿Así que mi papá tiene problemas con los impuestos porque no entiende el dinero? —pregunté desconcertado.

—Mira. Los impuestos son sólo una pequeña parte de cómo aprender a que el dinero trabaje para ti. Hoy, lo único que quería averiguar era si seguías interesado en aprender sobre el dinero. La mayoría de la gente no lo están. Quieren ir a la escuela, aprender una profesión, entretenerse en el trabajo y ganar mucho dinero. Un día se levantan con grandes problemas de dinero y ya no pueden parar de trabajar. Ése es el precio de saber sólo trabajar para ganar dinero en vez de estudiar para hacer que el dinero trabaje para ti. Así que ¿todavía tienes ganas de aprender?

Asentí con la cabeza.

—Estupendo —dijo el papá rico—. Ahora vuelve al trabajo. Pero ahora no te pagaré nada.

—¿Cómo? —pregunté asombrado.

—Ya me escuchaste. Nada. Trabajarás las mismas tres horas cada sábado pero no te pagaré los 10 centavos la hora. Dijiste que querías aprender a no trabajar por dinero, por eso no te voy a pagar.

No podía creer lo que estaba escuchando.

—Ya he hablado con Mike. Está trabajando desempolvando y colocando las latas de conserva gratis. Más vale que te des prisa y vuelvas allí.

—Eso no es justo —grité—. Me tiene que pagar algo.

—Dijiste que querías aprender. Si no aprendes ahora, acabarás como las dos mujeres y el viejo que estaban sentados en mi sala, trabajando por dinero y esperando que no los despida. O como tu papá, ganando mucho dinero para acabar endeudado hasta la médula, esperando que más dinero resuelva el problema. Si eso es lo que quieres, volveremos a nuestro trato anterior de 10 centavos la hora. O puedes hacer lo que hacen la mayoría. Quejarse que no cobra suficiente, renunciar y buscar otro trabajo.

—¿Pero qué hago?

El papá rico me tocó la cabeza.

—Usa esto. Si lo usas bien, pronto me agradecerás que te haya dado una oportunidad, y te convertirás en un hombre rico.

Me quedé de pie, sin creerme el mal negocio en el que me había metido. Vine a pedir un aumento y me estaba diciendo que continuara trabajando por nada.

El papá rico me tocó de nuevo en la cabeza diciéndome:

—Utiliza esto. Y ahora vete de aquí y regresa al trabajo.

LECCIÓN No. 1 : El rico no trabaja por dinero

No le dije a mi papá pobre lo que me estaban pagando. No lo habría entendido y no quería intentar explicarle algo que ni yo mismo aún entendía.

Durante tres semanas más, Mike y yo trabajamos tres horas, todos los sábados, sin sueldo. El trabajo no me molestaba y la rutina se hizo más llevadera. Era el no poder jugar al béisbol y no poder comprarme las historietas lo que más me molestaba.

Mi papá rico vino al mediodía de la tercera semana. Oímos llegar su camión al estacionamiento y el ruido cuando apagó el motor. Entró en la tienda y abrazó a la Señora Martin. Después de averiguar cómo iban las cosas, metió la mano en el congelador, sacó dos polos, los pagó y nos señaló a Mike y mí.

—Chicos, vamos a dar un paseo.

Cruzamos la calle, sorteando unos automóviles, y caminamos a través de una gran pradera dónde unos adultos jugaban pelota. Nos sentamos en una mesa de picnic remota y nos entregó los helados.

—¿Cómo les va?

—Bien —dijo Mike.

Asentí de acuerdo.

—¿Ya aprendieron algo? —preguntó el papá rico.

Mike y yo nos miramos, nos encogimos de hombros y movimos la cabeza al unísono.

Evitando una de las trampas más grandes de la vida

—Bien, chicos, más vale que empiecen a pensar. Están emprendiendo una de las mayores lecciones de su vida. Si aprenden la lección, disfrutarán de una vida de libertad y seguridad. Si no la aprenden, terminarán como la Señora Martin y la mayoría de los que están jugando a la pelota en este parque. Trabajan mucho por poco dinero, aferrándose a la ilusión de la seguridad del trabajo, anticipando tres semanas de vacaciones anuales y una escasa pensión después de cuarenta y cinco años de servicio. Si eso les atrae, les subiré a 25 centavos la hora.

—Pero esos son buenos trabajadores. ¿Está burlándose de ellos? —exigí.

Una sonrisa se apoderó de la cara del papá rico.

—La Señora Martin es como mi madre. Nunca sería tan cruel. Puedo parecer cruel porque estoy tratando de enseñarles algo a los dos. Quiero ampliar su visión para que puedan ver algo. Algo que la mayoría de la gente nunca tienen la ventaja de ver porque su visión es demasiado estrecha. La mayoría nunca ve la trampa en la que están.

Mike y yo estábamos allí sentados inseguros de su mensaje. Sonaba cruel pero nos dábamos cuenta de que quería desesperadamente que aprendiéramos algo.

El papá rico dijo sonriente:

—¿Les parece bien 25 centavos la hora? ¿No les acelera el pulso?

Moví la cabeza, "no" pero realmente sí. Veinte cinco centavos la hora para mi era mucha plata.

—*Okay*, les pagaré un dólar la hora, dijo el papá rico, disimulando una sonrisa.

Ahora mi corazón estaba empezando a acelerarse. Mi mente estaba gritando: "Tómalo, tómalo". No podía creer lo que estaba escuchando. Pero no dije nada.

—*Okay*, $2 por hora.

Mi pequeño cerebro y corazón de niño de 9 años casi revientan. Era 1956 y cobrar $2 la hora me convertiría en el niño más rico del mundo. No podía imaginarme ganar tanto dinero. Quise decir "sí". Quería el trato. Veía una bicicleta nueva, un guante de béisbol nuevo y la adoración de mis amigos al mostrar mi efectivo. Además, Jimmy y sus amigos ricos nunca podrían volver a llamarme pobre. Pero por algún motivo mi boca se quedó muda.

Quizá se me había recalentado el cerebro y se me había fundido un plomo. Pero muy adentro quería tremendamente tomar los $2 la hora.

El helado se había derretido y chorreaba por mi mano. El palo del helado estaba vacío y debajo había quedado una mancha pegajosa de vainilla y chocolate de la que disfrutaban las hormigas. El papá rico miraba a dos muchachos que lo miraban con ojos muy abiertos y sin nada en la cabeza. Él sabía que nos estaba probando y que parte de nosotros quería aceptar el trato. Sabía que todo ser humano tiene una parte débil y necesitada en su interior que puede comprarse. Y también sabía que todo humano también tenía una parte interior fuerte y decidida que nunca puede comprarse. Era sólo una cuestión de cuál era la más fuerte. Había puesto a prueba a miles de almas en su vida. Las tanteaba cada vez que entrevistaba a alguien para un trabajo.

—Bueno, $5 por hora.

De repente hubo un silencio dentro de mí. Algo había cambiado. La oferta era demasiado espléndida y hasta ridícula. No había demasiados adultos que ganaran más de $5 la hora en 1956. Desapareció la tentación y llego la calma. Me volví despacio para mirar a Mike. Él también me miraba. La parte de mi alma débil y necesitada se acalló. Y surgió la que no tenía precio. En mi mente y en mi alma entró una calma y una certeza sobre el dinero. Supe que Mike también había alcanzado este punto.

—Bien —dijo el papá suavemente—. Casi todo el mundo tiene un precio. Y tienen un precio por las emociones humanas del miedo y la codicia.

Primero, el miedo a no tener dinero nos motiva a trabajar más, y cuando logramos ese sueldo, la codicia o el deseo nos hace pensar en todas esas maravillosas cosas que facilita el dinero. Se establece el hábito.

—¿Qué hábito? —pregunté.

—El hábito de levantarse, ir al trabajo, pagar las cuentas, levantarse, ir al trabajo, pagar las cuentas . . . Sus vidas están siempre definidas por dos emociones, el miedo y la codicia. Ofréceles más dinero y continuarán el círculo vicioso aumentando también sus gastos. Esto es lo que yo llamo la "carrera de la rata".

—¿Hay otra opción? —preguntó Mike .

—Sí, dijo el papá rico despacio. —Pero sólo la encuentran unas cuantas personas.

—¿Y cuál es? —preguntó Mike.

—Eso es lo que espero que averiguen trabajando y aprendiendo conmigo. Por eso les quité el salario.

—¿Alguna pista? —preguntó Mike—. Estamos cansados de trabajar tanto por nada.

—Bien, el primer paso es decir la verdad.

—No hemos mentido —dije.

—No digo que hayan mentido. Dije decir la verdad —respondió el papá rico.

—¿La verdad sobre qué?—pregunté.

—Lo que sienten. No tienen que decírselo a nadie más. Solamente a ustedes mismos.

—¿Quiere decir que los que están en este parque, las personas que trabajan para usted, la Señora Martin, no lo hacen?— pregunté.

—Lo dudo, dijo el papá rico. —En cambio, sienten el miedo a no tener dinero. En lugar de afrontar el miedo, reaccionan en vez de pensar. Reaccionan emocionalmente en vez de usar el cerebro —dijo el papá rico, dándonos en la cabeza—. Entonces, consiguen unos cuantos dólares, y de nuevo les embarga la alegría, el deseo y la codicia, y de nuevo reaccionan en lugar de pensar.

—Sus emociones piensan por ellos —dijo Mike.

—Así es —dijo el papá rico—. En lugar de decir lo que verdaderamente sienten, reaccionan a sus sentimientos, no piensan. Sienten miedo, van a trabajar esperando que el dinero alivie el miedo, pero no lo hace. Ese viejo miedo los persigue y regresan al trabajo esperando de nuevo que el dinero calme su miedo, pero no es así. El miedo los tiene entrampados trabajando, ganando dinero, trabajando, ganando dinero, creyendo que el miedo se esfumará. Pero se levantan todos los días y ese viejo miedo se despierta con ellos. A millones de personas, ese miedo los mantiene despiertos toda la noche, causando una noche de agitación y preocupación. Así que se levantan y van a trabajar, esperando que el sueldo destruya ese miedo que carcome sus almas. El dinero domina sus vidas y ellos se niegan a aceptarlo.

—El dinero domina sus emociones y en consecuencia sus almas.

El papá rico se quedó callado dejando que sus palabras penetraran. Mike y yo escuchamos lo que dijo, pero sin entender realmente de qué estaba hablando. Solo sabía que a veces me preguntaba por qué los mayores iban con tanta prisa al trabajo. No parecía muy divertido y nunca parecían estar felices, pero algo les empujaba a salir corriendo al trabajo.

Comprendiendo que habíamos absorbido todo lo que podíamos de lo que había dicho, el papá rico dijo:

—Chicos, quiero que eviten esa trampa. Eso es realmente lo que quiero enseñarles. No sólo a ser ricos, porque ser rico no resuelve el problema.

—¿No? —pregunté sorprendido.

—No, no lo resuelve. Déjenme terminar con el otro sentimiento que es el deseo. Algunos lo llaman codicia, pero yo prefiero llamarlo deseo. Es desear algo mejor, más bonito, más divertido o estimulante. La gente también trabaja por dinero debido al deseo. Desean dinero por la alegría que piensan puede proporcionarles. Pero la alegría que proporciona el dinero es fugaz y pronto necesitan más dinero para sentir más alegría, más placer, tener más confort, más seguridad. Así que continúan trabajando, imaginando que el dinero aliviará sus almas atormentadas por el miedo y el deseo. Pero el dinero no puede hacer eso.

—¿Incluso para los ricos? —preguntó Mike.

—Incluidos los ricos. De hecho, la razón por la cual muchos ricos son ricos no es por deseo sino por miedo. Creen que el dinero puede eliminar el miedo a no tener dinero, a ser pobre, y lo acumulan para descubrir que el miedo aumenta. Ahora temen perderlo. Tengo amigos que siguen trabajando aunque tienen suficiente. Conozco personas que tienen millones y que tienen más miedo que cuando eran pobres. Tienen terror a perder todo su dinero. El miedo que los impulsó a hacerse ricos es peor. Esa parte débil y necesitada de sus almas cada vez grita con más fuerza. No quieren perder las casas grandes, los automóviles, la buena vida que el dinero les ha proporcionado. Les preocupa qué dirán sus amigos si pierden todo su dinero. La mayoría está desesperada y neurótica, aunque parezcan ricos y tengan más dinero.

—¿Así que el pobre es más feliz? —pregunté.

—No, no lo creo. Evitar el dinero es casi tan psicótico como atarse al él.

Como si le hubieran dado un señal, pasó por delante de nuestra mesa el loco del pueblo deteniéndose a rebuscar en el tacho de la basura. Los tres lo miramos interesados, antes probablemente ni nos hubiéramos fijado.

El papá rico sacó un dólar de su cartera y le hizo una señal al viejo. Al ver el dinero, el viejo se acercó inmediatamente, agarró el billete, agradeciéndoselo profusamente al papá rico y se alejó rápidamente feliz con su buena fortuna.

—No es muy distinto de la mayoría de mis empleados —dijo el papá rico—. He conocido a tantos que dicen "Oh, no estoy interesado en el dinero". Sin embargo trabajan ocho horas diarias. Están negando una verdad. ¿Si no estuvieran interesados en el dinero, por qué trabajan? Esa forma de pensar es probablemente más demente que la de acumular riquezas.

Sentado escuchándolo recordaba las innumerables veces que mi propio papá repetía: "No estoy interesado en el dinero". También se protegía diciendo: "Trabajo porque disfruto de mi trabajo".

—Entonces ¿qué hacemos? —pregunté. —¿No trabajar por dinero hasta que desaparezca todo vestigio de miedo y codicia?

—No, eso sería una pérdida de tiempo. Las emociones nos hacen humanos. Nos hacen auténticos. La palabra "emoción" significa energía en movimiento. Sé honesto con tus emociones, y emplea tu mente y tus emociones a tu favor, no en contra.

—¡Vaya! dijo Mike.

No se preocupen por lo que acabo de decirles. Dentro de unos años lo entenderán. No reaccionen ante sus emociones, simplemente obsérvenlas. La mayoría no percibe que sus emociones controlan sus pensamientos. Sus emociones son sus emociones, pero tienen que aprender a pensar por sí mismos.

—¿Puede darme un ejemplo? —pedí.

—Seguro. Cuando alguien dice: "Necesito encontrar un trabajo", es probable que esté pensando con sus emociones. El miedo a no tener dinero genera este pensamiento.

—Pero la gente necesita dinero para pagar las cuentas.

—Efectivamente lo necesitan. Todo lo que estoy diciendo es que es a menudo es el miedo quien piensa por ellos.

—No entiendo —dijo Mike.

—Por ejemplo, si aparece el miedo a no tener suficiente dinero, en vez de salir corriendo en busca de un trabajo para ganar unos centavos y calmar el miedo, se deberían preguntar: "¿Un trabajo es la mejor solución a largo plazo para este miedo?" En mi opinión, la respuesta es "no". Sobre todo cuando examinan la vida de una persona. El trabajo es una solución a corto plazo de un problema a largo plazo.

—Pero mi papá siempre dice: "Quédate en la escuela, saca buenas notas para que puedas encontrar una trabajo seguro" —dije algo confundido.

—Sí, entiendo que diga eso —dijo el papá rico sonriendo—. La mayoría de la gente lo recomienda y es una buena idea para muchos. Pero las personas dan ese consejo fundamentalmente por miedo.

—¿Quiere decir que mi papá dice eso por miedo?

—Sí. Tiene terror de que no ganes dinero y que no te adaptes a la sociedad. No me malinterpretes. Te quiere y quiere lo mejor para ti. Y opino que su miedo está justificado. Una educación y un trabajo son importantes. Pero no remedian el miedo. Ves, ese mismo miedo que los hace levantar por las mañanas para ganar unos pesos es el mismo que le hace insistir que vayas a la escuela.

—¿Y qué me recomienda? —pregunté.

—Quiero enseñarte a dominar el poder del dinero. A no tenerle miedo. Eso no te lo enseñan en la escuela. Si no lo aprendes, te convertirás en un esclavo del dinero.

Por fin empezaba a tener sentido. Quería que ampliáramos nuestros horizontes. Que viéramos lo que no podía ver ni la Señora Martin, ni sus empleados ni mi padre. Utilizaba ejemplos que entonces parecían crueles pero que nunca he olvidado. Mi visión se amplió ese día y pude divisar la trampa que aguarda a la mayoría.

—En última instancia, todos somos empleados. Pero trabajamos a distintos niveles—dijo el papá rico—. Chicos, lo único que quiero es que tengan la oportunidad de evitar la trampa. La trampa causada por esas dos emociones, el miedo y el deseo. Úsenlos a su favor, no en su contra. Eso es lo que quiero enseñarles. No me interesa solamente educarlos para ganar un montón de dinero. Eso no los ayudará con el miedo ni el deseo. Si no se ocupan primero del miedo y del deseo, y se hacen ricos, sólo serán unos esclavos bien pagados.

—¿Y cómo evitamos la trampa? —pregunté.

—La principal causa de la pobreza o de los problemas financieros es el miedo y la ignorancia, ni la economía, ni el gobierno, ni el rico. Son el propio miedo y la ignorancia los que mantiene atrapadas a las personas. Así que, chicos, vayan a la escuela y saquen un título universitario. Yo les enseñaré cómo evitar la trampa.

Estaban surgiendo los pedazos del rompecabezas. Mi instruido papá tenía una buena educación y una gran carrera. Pero la escuela nunca le enseñó cómo ocuparse del dinero o de sus miedos. Estaba claro que podía aprender algo diferente e importante de ambos padres.

—Has estado hablando del miedo a no tener dinero. ¿Cómo nos afecta el deseo de tener dinero? —preguntó Mike.

—¿Cómo se sintieron cuando los tenté con un aumento de sueldo? ¿Aumentó su deseo?

Asentimos.

—Al no rendirse ante las emociones, pudieron detenerse, reaccionar y pensar. Eso es muy importante. Siempre tendremos sentimientos de miedo y codicia. A partir de ahora es primordial que utilicen esos sentimientos para su bien a largo plazo y no permitan que sus emociones los dominen al controlar sus pensamientos. Muchas personas utilizan el miedo y la codicia contra ellos mismos. Así empieza la ignorancia. La mayoría, debido al deseo y al miedo, viven buscando un sueldo, un aumento, seguridad en el trabajo, sin preguntarse a dónde los conducen esas emociones. Es igual que el cuadro del asno, arrastrando una carreta con su dueño colgando una zanahoria delante de su hocico. El dueño del asno va donde quiere ir, pero el asno persigue una quimera. Mañana sólo habrá otra zanahoria.

—¿Quiere decir que en cuanto imaginé un nuevo guante de béisbol, dulces y juguetes era como la zanahoria del asno? —preguntó Mike.

—Sí. Y cuanto más adulto, más caros son los juguetes. Un automóvil nuevo, un barco y una casa grande para impresionar a tus amigos —dijo el papá rico con una sonrisa—. El miedo te empuja por la puerta y el deseo te llama. Atrayéndote hacia el abismo. Esa es la trampa.

—¿Y cual es la respuesta? —pregunto Mike.

—La ignorancia intensifica el miedo y el deseo. Por eso los ricos, cuanto más ricos son, más miedo tienen. El dinero es la zanahoria, la quimera. Si el asno pudiera ver la realidad, reconsideraría en seguir la zanahoria.

El papá rico siguió explicando que la vida del ser humano es una lucha entre la ignorancia y la clarificación.

Nos explicó que cuando la persona deja de buscar información y conocimiento de sí mismo, aparece la ignorancia. Esa lucha es una decisión fugaz que abre o cierra la mente de uno.

—Miren, la escuela es importantísima. Se va a la escuela para aprender un oficio o una profesión y contribuir a la sociedad. Toda cultura necesita maestros, doctores, mecánicos, artistas, cocineros, vendedores, policías, bomberos, soldados. Las escuelas los preparan para que nuestra sociedad crezca y progrese. Desgraciadamente, para muchos la escuela es el fin y no el principio.

Se hizo un largo silencio. El papá rico sonreía. No comprendí todo lo que dijo ese día. Pero como otros grandes maestros, cuyas palabras continúan educando mucho tiempo hasta después de su muerte, sus palabras siguen conmigo.

—Hoy he sido un poco cruel. Cruel, por un motivo. Quiero que no olviden nunca esta charla. Quiero que piensen siempre en la Señora Martin. Quiero que piensen en el asno. Nunca lo olviden, porque sus dos emociones, el miedo y el deseo, pueden conducirlos a la trampa más grande de sus vidas si no son conscientes de controlar sus pensamientos. Vivir la vida preso del miedo, sin alcanzar los sueños, es cruel. Trabajar duro por dinero, pensando que proporcionará cosas que los hará felices, también es cruel. Despertarse en mitad de la noche aterrado por las cuentas pendientes es una forma de vivir horrible. Vivir una vida determinada por el tamaño del sueldo realmente no es vida. Pensar que un trabajo les dará seguridad es engañarse a ustedes mismos. Eso es cruel, y ésa es la trampa que quiero, si es posible, que eviten. He visto cómo el dinero controla la vida de las personas. No permitan que les pase eso. Por favor, no dejen que el dinero controle sus vidas.

Una pelota de béisbol rodó bajo la mesa. El papá rico la recogió y la devolvió.

—Y ¿qué tiene que ver la ignorancia con la codicia y el miedo? —pregunté.

—La ignorancia sobre el dinero es la causa de tanta codicia y de tanto miedo. Les daré algunos ejemplos. Un médico que necesita más dinero para mantener a su familia, aumenta sus precios. Aumentando sus precios hace que el cuidado de la salud resulte más caro para todos. A los que más afecta es a los más pobres, los pobres tienen peor salud que los ricos.

—Como los médicos aumentan sus precios, los abogados también aumentan sus precios. Como los precios de los abogados han subido, los maestros piden un aumento que sube nuestros impuestos y así sin parar. Pronto la distancia entre ricos y pobres será tan abismal y habrá tal caos que se derrumbará otra gran civilización. Las grandes civilizaciones se hundieron cuando la diferencia entre los pobres y los ricos era demasiado grande. América va por el mismo camino, demostrando que la historia se repite porque no aprendemos de la historia. Memorizamos las fechas históricas y los nombres, no la lección.

—¿Pero no es lógico que suban los precios? —pregunté.

—No en una sociedad educada con un buen gobierno. Los precios deberían bajar. Claro, eso es verdad en teoría. Los precios suben por la codicia y el miedo provocados por la ignorancia. Si las escuelas enseñaran sobre el dinero, habría más dinero y precios más bajos, pero las escuelas sólo enseñan a trabajar por el dinero y no a cómo controlar el poder del dinero.

—Pero, ¿no tenemos escuelas de negocios? — preguntó Mike—. ¿Me estás sugiriendo a que vaya a la escuela de negocios a conseguir un postgrado?

—Sí. Pero a menudo, las escuelas de negocios preparan empleados que son chupatintas sofisticados. Dios nos proteja si un chupatintas compra un negocio. Todo lo que hace es mirar los números, despedir personal y matar el negocio. Lo sé porque contrato chupatintas. Lo único que piensan es en controlar los costos y subir los precios que causan más problemas. Mirar los números es importante. Ya me gustaría que más gente lo supiera hacer, pero no lo es todo —agregó el papá rico enojado.

—Entonces, ¿hay una respuesta? — preguntó Mike.

—Sí. Aprender a usar los sentimientos para pensar, en lugar de pensar con los sentimientos. Cuando ustedes dominaban sus sentimientos, al principio trabajando gratis, supe que había esperanza. Cuando de nuevo resistieron sus sentimientos cuando los tenté con más dinero, estaban aprendiendo a pensar a pesar de estar emocionalmente sobrecargados. Ése es el primer paso.

—¿Y por qué ese paso es tan importante? —pregunté.

—Bueno, eso lo tendrán que averiguar. Si quieren aprender, los llevaré al "matorral", ese lugar que casi todos evitan. Los llevaré a ese lugar que la mayoría teme visitar. Si van conmigo, abandonarán la idea de trabajar por dinero y aprenderán a que el dinero trabaje para ustedes.

—Y qué lograremos si vamos con usted. ¿Si acordamos aprender de usted? ¿Qué conseguiremos? – pregunté.

—Evitarán caer en la trampa —dijo el papá rico.

—¿Hay un "matorral"? —pregunté.

—Sí—dijo el papá rico—. "El matorral" es nuestro miedo y nuestra codicia. Entrar en nuestro miedo y confrontar nuestra codicia, nuestras debilidades, nuestras necesidades, es la manera. Y esa manera es a través de la mente, escogiendo nuestros pensamientos.

—¿Escogiendo nuestros pensamientos? – preguntó Mike confundido.

—Sí. Escogiendo lo que pensamos en lugar de reaccionar ante nuestras emociones. En lugar de levantarnos e ir a trabajar para resolver nuestros problemas porque el miedo a no poder pagar las facturas nos asusta. Pensar sería tomar tiempo para hacerse una pregunta. Una pregunta como ésta: "¿Trabajar más es la mejor solución a este problema?" La mayoría de la gente está tan aterrada de decirse la verdad que la controla el miedo, no puede pensar y sale corriendo por la puerta. Eso es lo que significa elegir sus pensamientos.

—¿Y cómo lo hacemos? – preguntó Mike.

—Éso es lo que les enseñaré. Les enseñaré a tener un abanico de ideas para considerar, en lugar de reaccionar instintivamente, como tragar el café por las mañanas y salir corriendo por la puerta.

—Recuerden lo que les dije antes: Un trabajo es una solución a corto plazo de un problema a largo plazo. La mayoría de las personas sólo tiene un problema, y es a corto plazo. Son las cuentas de fin de mes. El dinero controla sus vidas. O debo decir el miedo y la ignorancia sobre el dinero. Así que hacen lo mismo que sus padres, levantarse todos los días e ir a trabajar por dinero. Sin tiempo para preguntarse si hay otra alternativa. Sus emociones controlan sus pensamientos, no sus mentes.

—¿Puedes decirnos la diferencia entre pensar emocionalmente y pensar con la cabeza? —preguntó Mike.

—Claro que sí. Lo escucho siempre. Oigo cosas como: "Pero todos tenemos que trabajar". O: "Los ricos son unos sinvergüenzas". O: "Conseguiré otro trabajo". "Me merezco este aumento". "No se van a aprovechar de mí". O: "me gusta este trabajo porque es seguro". En lugar de: "¿No me estoy perdiendo algo?", que detiene el pensamiento emocional, y te da la oportunidad de pensar claramente.

Tengo que admitir que estaba recibiendo una gran lección. Distinguir cuando alguien estaba hablando desde la emoción o con la mente clara. Era una lección que me sirvió toda la vida. Sobre todo cuando yo era el que hablaba desde la emoción y no con la mente clara.

De regreso a la tienda, el papá rico explicaba que el rico realmente "hacía" dinero. No trabajaba por él. Continuó explicándonos que cuando Mike y yo fundíamos las monedas de plomo de 5 centavos, creyéndonos que estábamos ganando dinero, estábamos próximos a la forma de pensar de los ricos. El único problema es que era ilegal. Es legal para el gobierno y los bancos pero no para nosotros. Explicó que hay maneras legales e ilegales de hacer dinero.

El papá rico siguió diciéndonos que el rico sabe que el dinero es una ilusión, igual que la zanahoria para el asno. Sólo por miedo y codicia la ilusión del dinero es aceptada por billones de personas pensando que el dinero es real. El dinero es inventado. Es sólo por esta quimera de confianza y la ignorancia de las masas que todavía se mantiene esta casa de naipes. De hecho, dijo, por muchas razones la zanahoria del asno vale más que el dinero.

Habló sobre el patrón oro que sigue América y de que cada dólar era un certificado de plata. Le preocupaba el rumor que algún día se abandonaría el patrón oro y nuestros dólares no serían certificados de plata.

—Chicos, cuando eso pase va a armarse la de San Quintin. Los pobres, la clase media y los ignorantes se hundirán porque continuarán creyendo que el dinero es real y que la compañía para la que trabajan, o el gobierno, los cuidará.

En verdad no entendimos lo que nos estaba diciendo ese día, pero a través de los años tuvo cada vez más sentido.

Viendo lo que otros no ven

Subiendo a su camioneta de reparto fuera del pequeño establecimiento añadió:

—Continúen trabajando, pero cuanto más pronto olviden que necesitan un sueldo, más fácil les será la vida. Sigan usando el cerebro y trabajando gratis, y pronto la mente les enseñará la forma de hacer más dinero del que yo les pagaría en la vida. Verán cosas que otros no ven. Las oportunidades que tienen delante de sus narices. La mayoría nunca las ve porque busca dinero y seguridad, y eso es lo único que consiguen. Cuando vean una oportunidad, las verán el resto de sus vidas. En el momento que esto suceda, les enseñaré algo más. Aprendan esto y evitarán una de las mayores trampas de la vida.

Mike y yo recogimos nuestras cosas de la tienda y nos despedimos de la Señora Martin. Regresamos al parque, a la misma mesa y pasamos varias horas pensando y hablando.

Pasamos la siguiente semana en la escuela pensando y charlando. Durante dos semanas más continuamos pensando, hablando y trabajando gratis.

Al final del segundo sábado, me despedía de nuevo de la Señora Martin y miraba anhelante el quiosco de las historietas. Lo más duro de no cobrar ni los 30 centavos todos los sábados era que no tenía dinero para comprar historietas. De repente, mientras la Señora Martin se despedía de nosotros, vi que hacía algo que nunca le había visto hacer antes. Quiero decir, que se lo había visto hacer pero nunca me había fijado.

La Señora Martin cortaba por la mitad la portada de una historieta. Guardando la mitad superior y tirando el resto en una caja grande de cartón marrón. Cuando le pregunté qué hacía con las historietas, me dijo: "Las tiro. Devuelvo la parte superior de la portada al distribuidor para que nos las acrediten cuando traigan las nuevas. Viene dentro de una hora".

Mike y yo esperamos una hora. El distribuidor llegó y le preguntamos si podíamos quedarnos con las historietas. Nos contestó: "Pueden quedárselas si trabajan para esta tienda y no las revenden".

Nuestra sociedad se reactivó. La mamá de Mike tenía un cuarto vacío en el sótano que nadie usaba. Lo limpiamos y empezamos a amontonar centenares de historietas. Pronto abrimos nuestra biblioteca de historietas al público. Contratamos a la hermana menor de Mike, que era muy estudiosa, de bibliotecaria. Cobraba 10 centavos de entrada a los niños y la biblioteca estaba abierta diariamente de 2:30 a 4:30 después de la escuela. Los clientes, los niños del barrio, podían leer todas las historietas que quisieran en dos horas. Era una ganga para ellos porque cada historieta costaba 10 centavos y podían leer cinco o seis en dos horas.

La hermana de Mike inspeccionaba a los niños cuando salían, para comprobar que no se llevaran ninguna historieta. También llevaba los libros, anotando cuántos niños venían al día, quienes eran, y cualquier otro comentario. Durante tres meses, Mike y yo ganábamos casi $9.50 semanales. A su hermana le pagábamos $1 por semana y le dejábamos que leyera gratis las historietas, cosa que nunca hacía porque siempre estaba estudiando.

Mike y yo respetamos nuestro acuerdo y trabajábamos en la tienda todos los sábados y recogíamos las historietas de toda las tiendas. Guardamos nuestro acuerdo con el distribuidor y no vendimos ninguna. Cuando se estropeaban las quemábamos. Probamos abrir una sucursal de la oficina, pero nunca encontramos a alguien tan trabajador y de quien nos pudiéramos fiar tanto como la hermana de Mike.

De muy jóvenes descubrimos lo difícil que es conseguir buenos empleados.

Tres meses después de la inauguración de la biblioteca, se armó una pelea en el cuarto. Algunos matones de otro barrio entraron a la fuerza y empezaron a pelear. El papá de Mike sugirió que cerraramos el negocio. Así que nuestro negocio de tebeos cerró, y dejamos de trabajar los sábados en la tienda de conveniencia. Sin embargo, el papá rico seguía entusiasmado porque tenía cosas nuevas que enseñarnos. Estaba contento de que hubiéramos aprendido tan bien nuestra primera lección. Habíamos aprendido a hacer que el dinero trabajara para nosotros. Al no pagarnos, nos obligó a que usáramos nuestra imaginación para identificar una oportunidad de ganar dinero. Empezando nuestro propio negocio, la biblioteca de tebeos, controlábamos nuestras propias finanzas sin depender de un patrón. Lo mejor era que nuestro negocio nos generó dinero incluso cuando no estabamos allí físicamente. Nuestro dinero trabajó para nosotros.

En lugar de pagarnos con dinero, el papá rico nos había dado mucho más.

¿POR QUÉ ENSEÑAR ALFABETIZACIÓN FINANCIERA?

Capítulo Tres
Lección Dos:

¿Por qué enseñar alfabetización financiera?

En 1990, mi mejor amigo, Mike, tomó las riendas del imperio de su padre y está haciéndolo mejor que él. Nos vemos una o dos veces al año en el campo de golf. Él y su esposa tienen más dinero del que uno pueda concebir. El imperio del papá rico está en buenas manos, y Mike está preparando a su hijo para reemplazarlo, igual que su padre nos preparó a nosotros.

En 1994, a los 47 años me retiré. Mi esposa, Kim, tenía 37 años. La jubilación no significa no trabajar. Para mi esposa y para mí significa que, salvo alguna catástrofe imprevista, podemos trabajar o no y nuestra fortuna aumenta de manera automática, por encima de la inflación. Supongo que esto significa libertad. Los activos son lo suficientemente grandes para crecer por sí mismos. Es como plantar un árbol. Lo riegas durante años y un día ya no te necesita. Tiene raíces profundas. Entonces, el árbol te proporciona sombra para tu deleite.

Mike eligió ocuparse de su imperio y yo escogí retirarme.

Cuándo hablo en público siempre me preguntan: "¿Qué recomendaría, o qué podrían hacer?", "¿Cómo empiezo?", "¿Hay algún libro bueno que recomiende?", "¿Qué puedo hacer para preparar a mis hijos?", "¿Cuál es el secreto del éxito?", "¿Cómo gano millones?" Siempre me recuerdan a un artículo que me dieron una vez. Es como sigue.

Los hombres de negocios más ricos

En 1923, un grupo conformado por nuestros líderes y empresarios más ricos y poderosos se reunió en el Hotel Edgewater Beach de Chicago. Entre ellos, Charles Schwab, director de la mayor compañía independiente de acero; Samuel Insull, presidente de la empresa de servicios públicos más grande del mundo; Howard Hopson, jefe de la compañía de gas más grande; Ivar Kreuger, presidente de International Match Co., en ese momento una de las compañías más grandes del mundo; León Frazier, presidente del Banco de Pagos Internacionales; Richard Whitney, presidente de la Bolsa de Valores de Nueva York; Arthur Cotton y Jesse Livermore, dos de los especuladores más grandes; y Albert Fall, un miembro del gabinete del Presidente Harding. Veinticinco años más tarde, nueve de ellos acabaron así: Schwab murió arruinado después de vivir cinco años con dinero prestado. Insull murió arruinado en el extranjero. Kreuger y Cotton también murieron arruinados. Hopson se volvió loco. Whitney y Albert Fall acababan de salir de la cárcel. Fraser y Livermore se suicidaron.

Dudo que alguien pueda explicar lo que realmente pasó con estos hombres. Si se fijan en la fecha, 1923, fue justo antes del desplome de los mercado de 1929 y la Gran Depresión, que sospecho impactó mucho la vida de estos hombres. El punto es este: Vivimos en una época de cambios más rápidos y mayores que los que vivieron estos hombres. Sospecho que habrá muchas subas extraordinarias y desplomes en los próximos 25 años parecidas a las subas y bajas que enfrentaron estos hombres. Me preocupa que demasiadas personas se concentren tanto en el dinero y no en su educación, que es su mayor riqueza. Si, a pesar de los cambios, las personas son flexibles, mantienen la mente abierta y aprenden, cada vez serán más ricos. Si piensan que el dinero resolverá sus problemas, temo que tendrán una travesía agitada. La inteligencia resuelve problemas y produce dinero. El dinero sin inteligencia financiera es dinero que pronto se pierde.

La mayoría de las personas no comprende que la cuestión no es cuánto ganas, sino cuánto dinero guardas. Todos hemos oído historias de pobres que ganan la lotería y se hacen de repente ricos y pobres de nuevo. Ganan millones y pronto regresan a donde empezaron. O historias de atletas profesionales que a los 24 años ganan millones de dólares y a los 34 duermen debajo de un puente. Mientras escribo esto en el periódico de hoy aparece un artículo sobre un joven jugador del básquetbol que hace un año tenía millones. Hoy, acusa a sus amigos, abogado y contador de haberle robado el dinero. Ahora trabaja lavando coches por el salario mínimo.

Tiene sólo 29 años. Lo despidieron de la lavadora de automóviles porque no quiso quitarse su anillo de campeonato mientras limpiaba los autos, por eso su historia fue noticia. Ahora apela su despido, exigiendo daños y perjuicios ya que el anillo es lo único que le queda. Alega que si se lo quitan se hundirá.

En 1997 conozco a muchísimas personas que se están haciendo millonarias instantáneamente. Son los locos años veinte una vez más. Y aunque me alegro de que la gente se esté haciendo cada vez más rica, quiero advertir que a la larga no es cuánto ganas, es cuánto guardas y por cuántas generaciones perdura.

Así que cuándo me preguntan: "¿Por dónde empiezo?", o: "Dígame cómo hacerme rico rápidamente", se desilusionan con mi respuesta. Les digo lo que mi papá rico me dijo cuando era un niño: "Si quieres ser rico, necesitas preparación financiera".

Cada vez que nos juntábamos inculcaba esa idea en mi mente. Mi papá educado resaltaba la importancia de leer libros, mientras que mi papá rico la necesidad de dominar los conocimientos financieros.

Si va a construir el Empire State Building, lo primero que precisa es cavar un agujero profundo y verter unos buenos cimientos. Si va a construir una casa en las afueras, lo único que necesita es verter una plancha de 6 pulgadas de hormigón. Con sus deseos de hacerse ricos, la mayoría intenta construir el edificio del Empire State sobre una plancha de seis pulgadas de hormigón.

Nuestro sistema escolar, creado en la época agraria, todavía cree en casas sin cimientos. Todavía se estilan los suelos de tierra. Y los niños se gradúan de la escuela sin ninguna fundación financiera. Un día, desvelados y endeudados en su urbanización, viviendo el sueño americano, deciden que la respuesta a sus problemas financieros es encontrar la manera de hacerse ricos rápidamente.

Empiezan la construcción del rascacielos. Suben rápidamente y de pronto, en lugar del Empire State Building, tenemos la Torre Inclinada de la Urbanización. Vuelven las noches de desvelo.

De mayores, Mike y yo teníamos ambas opciones, porque cuando éramos niños aprendimos a construir fuertes cimientos financieros.

Es probable que la contabilidad sea la materia más aburrida del mundo. También puede ser la más confusa. Pero si quiere ser rico a largo plazo, ésta puede ser la materia más importante. Entonces, ¿cómo enseñar a los jóvenes algo tan aburrido y confuso? La respuesta es, hágalo fácil. Enséñeles primero con dibujos.

Mi papá rico proporcionó a Mike y a mí unos cimientos financieros fuertes. Desde que éramos niños ideó una manera simple de enseñarnos. Durante años dibujó sólo cuadros y usó palabras. Mike y yo entendimos los sencillos dibujos, la jerga, el movimiento del dinero; y años más tarde, el papá rico empezó a añadir números. Hoy, Mike domina análisis contables más complejos y sofisticados porque no le queda más remedio. Tiene un imperio millonario que dirigir. Yo no soy tan sofisticado porque mi imperio es más pequeño, pero los dos provenimos de los mismos y sencillos cimientos. En las siguientes páginas les ofrezco los mismos dibujos que el papá de Mike creó para nosotros. Aunque son sencillos, estos dibujos ayudaron a dos niños a construir grandes fortunas sobre sólidos y profundos cimientos.

Regla No. 1: Debe saber la diferencia entre un activo y un pasivo, y debe comprar activos. Esto es todo lo que necesita saber si quiere ser rico. Es la primera regla. Es la única regla. Puede parecer demasiado sencilla, pero pocos comprenden lo profunda que es. Casi todos los problemas financieros se deben a que la gente no sabe la diferencia entre un activo y un pasivo.

—Los ricos adquieren activos. Los pobres y la clase media adquieren pasivos que piensan son activos.

Cuando el papá rico nos explicó esto, pensamos que nos estaba tomando el pelo. Aquí estábamos, casi adolescentes, esperando el secreto para hacerse rico, y ésta era su respuesta. Era tan simple que tuvimos que detenernos y meditarla mucho tiempo.

—¿Qué es un activo? – preguntó Mike.

—Por ahora no te preocupes por eso. Deja que la idea penetre. Si comprenden su sencillez, sus vidas tendrán un plan y será financieramente fácil. Es simple, por eso se pierde la idea.

—¿Quiere decir que lo único que debemos saber es qué es un activo, adquirirlo y seremos ricos? – pregunté.

El papá rico asintió.

—Es así de simple.

—Si es así de simple, ¿cómo no somos todos ricos? – pregunté.

El papá rico sonrió: —Porque las personas no saben la diferencia entre un activo y un pasivo.

Recuerdo haberle preguntado: —¿Cómo pueden los adultos ser tan tontos. Si es tan sencillo, si es tan importante, por qué no desearíamos averiguarlo todos?

Nuestro papá rico sólo tardó unos minutos para explicarnos qué eran activos y pasivos.

Sin embargo, de mayor tengo dificultades para explicárselo a otros adultos. ¿Por qué? Porque los adultos son más inteligentes. En muchos casos, la sencillez de la idea se les escapa porque han sido educados de otra manera. Han sido educados por otros profesionales, banqueros, contadores, agentes inmobiliarios o asesores financieros. La dificultad radica en pedirle a los adultos que olviden y se conviertan de nuevo en niños. Un adulto inteligente se siente rebajado al escuchar definiciones simplistas.

El papá rico creía en el principio del "Manténgalo simple, tonto" y eso hizo que para dos muchachos los cimientos financieros fueran fuertes.

¿Qué causa la confusión? O, ¿cómo puede algo tan simple complicarse tanto? ¿Por qué alguien compra un activo que realmente es un pasivo? La respuesta está en la educación básica.

Nos concentramos en la palabra "alfabetización" y no en la "alfabetización financiera". Lo que define que algo sea un activo o un pasivo no son las palabras. De hecho, si quiere no entender nada, busque en el diccionario el significado de "activo" y "pasivo". Puede que la definición tenga sentido para un contador especializado pero no para el común de las personas. Los adultos somos demasiado orgullosos para reconocer que no entendemos algo.

Para los jóvenes —dijo el papá rico —lo que define un activo no son las palabras sino los números. Y si no entiendes los números, no distingues un activo de un agujero en el piso.

—La contabilidad —decía el papá rico— no son los números, sino lo que dicen los números. Son como las palabras. Lo importante no son las palabras sino la historia que cuentan las palabras.

Muchas personas leen, pero no entienden. Se llama comprensión literaria. Y todos tenemos diferentes habilidades respecto a la comprensión literaria. Por ejemplo, hace poco me compré otro video. Venía acompañado de un manual de instrucciones que explicaba cómo programarlo. Lo único que pretendía era grabar mi programa de televisión favorito el viernes por la noche. Casi me enloquecí tratando de entender el manual. Nada me resultó tan complejo como aprender a programar mi video. Leía las palabras pero no entendía nada. Consigo un sobresaliente en reconocer las palabras y un aplazado en comprenderlas. Lo mismo le pasa a muchas personas con los estados financieros.

"Si quiere ser rico, tienes que leer y entender los números". Esto se lo escuché a mi papá rico miles de veces. También lo escuché decir: "El rico adquiere activos y el pobre y la clase media adquieren pasivos".

A continuación, cómo diferenciar un activo de un pasivo.

La mayoría de los contadores y profesionales financieros difiere en su definición, pero estos simples dibujos fueron el principio de una sólida base financiera para dos jóvenes muchachos.

Para enseñar a dos jóvenes, el papá rico mantuvo las cosas fáciles, utilizando tantos cuadros como era posible, la menor cantidad de palabras posibles y, por años ningún número.

–Éste es el modelo de flujo de dinero de un activo:

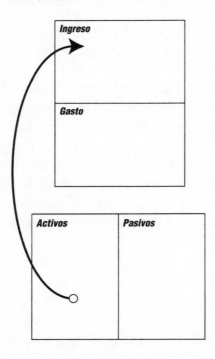

La tabla de arriba es un Estado de Ganancias y Pérdidas, a menudo llamado Balance de Resultados, mide ingresos y gastos. El dinero que entra y el dinero que sale. El diagrama de abajo es el Balance General. Se llama así porque equilibra los activos contra los pasivos. Muchos novatos financieros no conocen la relación entre el Estado de Ganancias y Pérdidas y el Balance General. Es vital entender esa relación.

El principal motivo de los problemas financieros es no saber la diferencia entre un activo y un pasivo. La causa de la confusión se encuentra en la definición de las dos palabras. Si quieren una lección de confusión, busque simplemente las palabras "activo" y "pasivo" en el diccionario.

Pueden tener sentido para los profesionales de la contabilidad, pero para la persona media, suenan a chino básico. Pueden leer la definición de las palabras, pero su verdadero significado se les escapa.

Como dije antes, mi papá rico simplemente les enseñó a dos jóvenes que "los activos ponen dinero en su bolsillo". Así de agradable, fácil y útil.

–Éste es el modelo de flujo de efectivo de un pasivo:

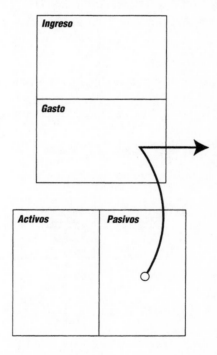

Ahora que se han definido los activos y pasivos a través de los cuadros, resulta más fácil entender mis definiciones en palabras.

Un activo es algo que pone dinero en mi bolsillo.

Un pasivo es algo que saca dinero de mi bolsillo.

Esto es todo lo que necesita saber. Si quiere ser rico, pase la vida comprando activos. Si quiere ser pobre o de la clase media, pase su vida comprando pasivos. No conocer la diferencia es la causa principal de la lucha financiera en el mundo.

El analfabetismo, tanto de palabras como de números, es la base de las dificultades financieras. Si las personas tienen dificultades financieras hay algo que se les escapa, o los números o las palabras. Hay algo que no entienden. El rico es rico porque está más instruido en diversas áreas que los que luchan financieramente. Así que si quiere ser rico y mantener su fortuna, es importante estar preparado financieramente, tanto en las palabras como en los números.

Las flechas en los diagramas representan el flujo de dinero en efectivo, o "flujo de efectivo". Los números solos significan poco. Igual que las palabras solas representan poco. Es la historia lo que cuenta. En los informes financieros, leer los números significa buscar el argumento, la historia. La historia de a dónde está fluyendo el dinero en efectivo. En el 80 por ciento de las familias, la historia financiera es una historia de trabajo duro y lucha por progresar. No es que no ganen dinero. Es que pasan sus vidas comprando pasivos en lugar de activos.

Por ejemplo, éste es el modelo de flujo de dinero en efectivo de una persona pobre o una persona joven todavía en casa:

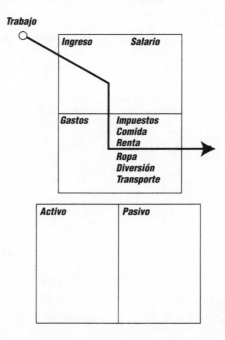

Éste es el modelo de flujo de dinero en efectivo de una persona de clase media:

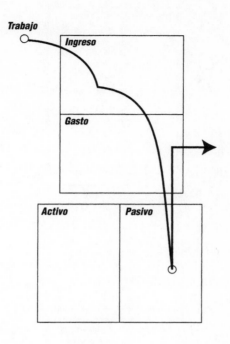

Trabajo

Ingreso	Salario
Gastos	Impuestos
	Hipoteca
	Gastos fijos
	Comida
	Ropa
	Diversión

Activos	Pasivos
	Hipoteca
	Crédito personal
	Tarjetas del crédito

Éste es el modelo de flujo de dinero en efectivo de un rico:

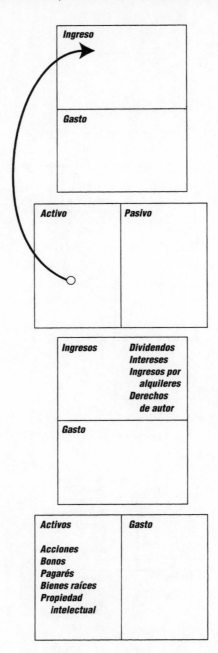

Obviamente, todos estos diagramas están simplificados. Todos tenemos gastos de vivienda, de comida y de ropa.

Los diagramas muestran el flujo de dinero en efectivo a través de un pobre, de alguien de clase media y de un rico. Es el flujo del dinero en efectivo el que cuenta la historia. Es la historia de cómo una persona cuida su dinero, qué es lo que hace con el dinero cuando lo tiene en sus manos.

La razón por la que empecé con la historia de los hombres más ricos de Estados Unidos era para ilustrar la equivocación de tantas personas. La equivocación de pensar que el dinero resolverá todos los problemas. Por eso me agito cada vez que me preguntan cómo hacerse rico rápidamente. ¿O por dónde empiezan? Oigo a menudo: "Estoy endeudado por eso necesito ganar más dinero".

Pero, con frecuencia, más dinero no resolverá el problema; de hecho, puede acelerarlo. El dinero a menudo destaca nuestros errores humanos. El dinero realza lo que no sabemos. Por eso, demasiado a menudo, el que gana dinero de una forma inesperada y súbita—por ejemplo a través de una herencia, un aumento de sueldo o la lotería—vuelve a su estado anterior de caos financiero o a uno peor del que estaba antes de recibir el dinero. El dinero sólo acentúa el modelo de flujo de dinero en efectivo que corre en tu mente. Si tu modelo es gastar todo lo que consigues, seguramente un aumento en el efectivo producirá un aumento del gasto. De allí el dicho: "Un necio y su dinero, gran fiesta".

He repetido muchas veces que vamos a la escuela para obtener conocimientos escolares y profesionales, ambos importantes. Aprendemos a ganar el dinero con nuestros conocimientos profesionales. En los años sesenta, cuando estaba en la escuela secundaria, si alguien tenía buenas notas inmediatamente predecían que ese estudiante tendría un brillante futuro y acabaría siendo médico. Nadie preguntaba al niño si quería ser médico. Se daba por hecho. Era la profesión con más retribuciones financieras.

Hoy en día, los médicos tienen desafíos financieros que no desearía ni a mi peor enemigo: las compañías de seguros apoderándose del negocio, asistencia médica gestionada, intervención gubernamental y demandas por negligencia por nombrar algunos. Hoy, los niños quieren ser estrellas del básquetbol, jugadores de golf como Tiger Woods, sabios de la computadora, estrellas de cine, estrellas de rock, reinas de belleza o agentes de bolsa en Wall Street. Sencillamente porque ahí es donde está la fama, el dinero y el prestigio. Por este motivo es tan difícil motivar a los niños en la escuela. Saben que el éxito profesional no está ligado solamente al éxito académico, como lo estaba antes.

Porque los estudiantes terminan la escuela sin conocimientos financieros, millones de personas preparadas siguen su profesión con éxito, pero después tienen apuros financieros. Trabajan cada vez más sin lograr salir adelante. Lo que no les han enseñado no es cómo ganar el dinero, sino cómo gastarlo —qué hacer después de lograrlo. Se llama aptitud financiera— qué hacer con el dinero cuando uno lo consigue, cómo impedir que se lo quiten, cuánto se debe guardar, y cómo hacer que ese dinero trabaje duro para su dueño. Muchos no entienden que luchan financieramente porque no entienden el flujo del dinero en efectivo. Una persona puede tener buena preparación, ser un profesional de éxito, y ser financieramente analfabeta. Estas personas trabajan más de lo necesario porque aprendieron a trabajar duro, pero no a hacer que su dinero trabaje para ellos.

La historia de cómo la persecución del sueño financiero se convierte en una pesadilla

La película de las personas trabajadoras tiene un modelo. Recién casados, la joven, educada y feliz pareja se muda a un pequeño apartamento alquilado. Entienden enseguida que están ahorrando dinero porque dos pueden vivir tan barato como uno.

El problema es que el apartamento es minúsculo. Deciden ahorrar dinero para comprar la casa de sus sueños y tener niños. Ahora tienen dos sueldos y empiezan a enfocar sus carreras. Sus ingresos empiezan a aumentar.

Cuando sus ingresos suben . . .

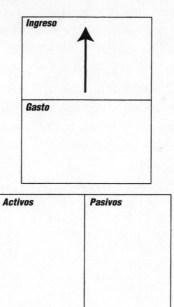

Sus gastos también suben.

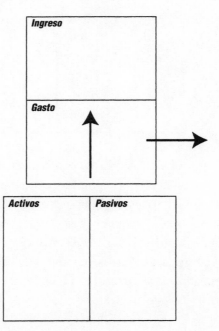

Para la mayoría de las personas, el principal gasto son los impuestos. Muchos creen que son los impuestos sobre la renta, pero para la mayoría de los americanos son los del Seguro Social. Como empleado, parecería que el impuesto del Seguro Social junto al del Seguro Médico Estatal es de un 7.5 por ciento, pero en realidad es del 15 por ciento ya que el patrón debe equiparar la cantidad del Seguro Social. En esencia, es dinero que el patrón no puede pagarle. Encima de eso, todavía tiene que pagar el impuesto sobre la renta de la cantidad deducida de su sueldo para el Seguro Social, ingreso que usted nunca recibió porque fue retenido directamente para al Seguro Social.

Entonces, sus pasivos suben.

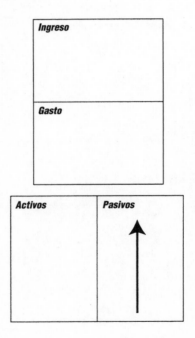

Esto se demuestra mejor volviendo a la pareja joven. Como resultado del aumento de sus ingresos deciden comprar la casa de sus sueños. Una vez en su casa, tienen un nuevo impuesto, el impuesto a la propiedad. Entonces, compran un automóvil nuevo, mobiliario y electrodomésticos que vayan con su nueva casa. Y súbitamente un día se despiertan con la columna de pasivos llena de deuda hipotecaria y de deudas de tarjetas de crédito.

Ahora están atrapados en la carrera de la rata. Llega un niño. Trabajan todavía más. El proceso se repite. Más dinero e impuestos más altos, lo que se conoce como progresión escalonada. Llega una tarjeta de crédito en el correo. La usan. La suben al máximo. Una compañía de préstamos los llama e informa que su mejor "activo", su casa, se ha apreciado en valor. La compañía les ofrece un préstamo para "consolidar sus deudas" porque su crédito es bueno, y les recomienda que liquiden sus deudas personales de alto interés pagando sus tarjetas de crédito. Además, los intereses sobre su casa son deducibles de impuestos. Lo creen y pagan las tarjetas de crédito de alto interés. Emiten un suspiro de alivio. Han pagado sus tarjetas de crédito. Han consolidado su deuda personal en su hipoteca. Reducen sus pagos porque han ampliado su deuda a 30 años. Es lo que se debe hacer.

Su vecino los invita a ir de compras para aprovechar las rebajas de Memorial Day. Una oportunidad de ahorrar algún dinero. Se dicen: "no compraré nada. Iré a mirar". Pero, por si encuentran algo, llevan esa flamante tarjeta del crédito en la cartera.

Me topo con esta pareja joven todo el tiempo. Sus nombres cambian, pero su dilema financiero es el mismo. Vienen a una de mis charlas para oír lo que tengo que decir. Me preguntan: "¿Puede decirnos cómo ganar más dinero?" Sus hábitos de gasto los obligan a buscar más ingresos.

Ni siquiera saben que el verdadero problema es cómo deciden gastar el dinero que tienen, y que ese es el motivo de sus dificultades financieras. La causa es la falta de educación financiera y no entender la diferencia entre un activo y un pasivo.

Más dinero raramente soluciona los problemas de dinero de alguien. La inteligencia resuelve los problemas. Hay un decir que un amigo mío repite constantemente a las personas endeudadas:

—Si se encuentra dentro de un agujero . . . pare de excavar.

Cuando era niño, mi papá a menudo nos decía que el japonés es consciente de tres poderes:

—El poder de la espada, de la joya y del espejo.

La espada simboliza el poder de las armas. América ha gastado billones de dólares en armas y, debido a esto, es la presencia militar suprema en el mundo.

La joya simboliza el poder del dinero. Hay algo de verdad en el dicho: "Recuerda la regla de oro. Quien tiene el dinero hace las reglas".

El espejo simboliza el poder del autoconocimiento. El conocimiento personal, según la leyenda japonesa, es el más importante de los tres.

Los pobres y la clase media dejan a menudo que el poder del dinero los controle. Con sólo levantarse y trabajar más, sin preguntarse si lo que hacen tiene sentido, se hacen daño cuando van al trabajo todas las mañanas. Al no entender realmente el dinero, la inmensa mayoría de las personas permite que el inmenso poder del dinero los controle. El poder del dinero es utilizado contra ellos.

Si usaran el poder del espejo, se habrían preguntado: "¿Tiene esto sentido?" Con frecuencia, en lugar de confiar en su propia sabiduría, en el genio que llevan dentro, la mayoría de las personas sigue a las masas. Hacen las cosas porque las hacen los demás. Se conforman en lugar de cuestionarse. A veces repiten sin pensar lo que les han dicho. Ideas como "diversifique" o "su casa es un activo". "Su casa es su mayor inversión". "Conseguirá una rebaja de impuesto endeudándose más". "Consiga un trabajo seguro". "No cometa errores". "No corra riesgos".

Dicen que para muchas personas, el miedo a hablar en público es superior al miedo a la muerte. Según los psiquiatras, el miedo a hablar en público está causado por el miedo al ostracismo, el miedo a destacar, el miedo a la crítica, el miedo al ridículo, el miedo de ser proscrito. El miedo a ser diferente impide a la mayoría de las personas buscar nuevas maneras de resolver sus problemas.

Por eso mi papá educado decía que los japoneses valoran el poder del espejo por sobre los demás, porque sólo cuando nos miramos en el espejo encontramos la verdad. Y la razón principal por la cual la mayoría dice "vaya con cuidado" es por miedo. Eso respecto a todo, ya sean los deportes, las relaciones, la carrera o el dinero.

Es ese mismo miedo, el temor al ostracismo, el que hace que las personas se conformen y no cuestionen las opiniones generalmente aceptadas o las tendencias populares. "Su casa es un activo". "Consiga un préstamo de consolidación de deudas y salga de deudas". "Trabaje todavía más". "Es una promoción". "Algún día seré vicepresidente". "Ahorre dinero". "Cuando consiga un aumento, compraremos una casa más grande". "Los fondos de inversión son seguros". "El muñeco de Elmo está agotado, pero tengo uno reservado para otro cliente que aun no ha venido a buscarlo".

Muchos problemas financieros tienen su raiz en hacer lo que hacen los demás y en intentar mantenerse al ritmo del vecino. De vez en cuando, todos necesitamos mirarnos en el espejo y ser sinceros con nuestra propia visión interna en lugar de nuestros miedos.

Cuando Mike y yo teníamos 16 años, empezamos a tener problemas en la escuela. No éramos niños malos. Pero empezamos a distanciarnos de los demás. Después de la escuela y los fines de semana trabajamos para el papá de Mike. Mike y yo pasábamos mucho tiempo después del trabajo sentados en una mesa mientras su padre tenía reuniones con sus banqueros, abogados, contadores, agentes de bolsa, inversionistas, gerentes y empleados. Aquí estaba un hombre que había dejado la escuela a los 13 años, que ahora dirigía, instruía, pedía y hacía preguntas a profesionales. Estaban a sus órdenes y se molestaban cuando él los desaprobaba.

Aquí estaba un hombre que no había seguido a la masa. Era un hombre que pensaba por sí mismo y detestaba eso de: "Tenemos que hacerlo así porque los demás lo hacen de esta manera". También odiaba la frase "no se puede". Si querías que hiciera algo, sólo le tenías que decir: "No creo que pueda hacerlo".

Mike y yo aprendimos más sentados en sus reuniones que durante todos nuestros años de escuela, incluida la universidad. El papá de Mike no tenía educación formal, pero era financieramente instruido y, como resultado, exitoso. Solía repetirnos una y otra vez. "Una persona inteligente contrata a personas más inteligente que él". Así que Mike y yo teníamos la oportunidad de pasar horas escuchando y, en el proceso, aprendiendo de personas inteligentes.

Pero debido a esto, ni Mike ni yo podíamos aceptar los dogmas que predicaban nuestros profesores. Y eso nos causó problemas. Siempre que el maestro decía, —Si no sacan buenas notas, no tendrán éxito en el mundo real—, Mike y yo arqueábamos las cejas. Cuando nos decían que siguiéramos los procedimientos establecidos y que no nos desviáramos de las reglas, veíamos cómo este proceso de instrucción realmente desanimaba la creatividad. Empezamos a entender por qué nuestro papá rico nos decía que las escuelas estaban diseñadas para producir buenos empleados en lugar de patrones.

A veces Mike o yo preguntábamos a nuestros maestros cómo se aplicaba lo que estábamos estudiando, o por qué nunca estudiamos sobre el dinero y cómo funcionaba. A esta última pregunta, frecuentemente escuchábamos la respuesta de que el dinero no era importante y que si sobresalíamos en nuestra educación, el dinero vendría.

Cuanto más aprendíamos sobre el poder de dinero, más nos distanciábamos de nuestros maestros y de nuestros compañeros de clase.

Mi papá educado nunca me reclamó mis notas. Me pregunté a menudo la razón. Pero empezamos a discutir de dinero. A los 16 años, probablemente tenía mejores conocimientos sobre el dinero que mis propios padres. Podía guardar los libros, escuchaba a contadores de impuestos, abogados corporativos, banqueros, agentes de bienes raíces, inversionistas y gente por el estilo. Mi papá hablaba con maestros.

Un día, mi papá me estaba diciendo por qué nuestra casa era su mayor inversión. Una desagradable pelea comenzó cuando le demostré por qué la casa no era una buena inversión.

El diagrama siguiente ilustra la diferencia en la percepción entre mi papá rico y mi papá pobre respecto a sus casas. Un papá pensaba que su casa era un activo, y el otro papá que era una pasivo.

Papá Rico

Activos	Pasivos
	Casa

Papá Pobre

Activos	Pasivos
Casa	

Todavía recuerdo cuando dibujé el siguiente diagrama para mi papá mostrándole la dirección de flujo del dinero en efectivo. También le mostré los gastos relacionados con tener una casa. Una casa más grande significaba mayores gastos, y el flujo del dinero en efectivo continuaba saliendo a través de la columna de gasto.

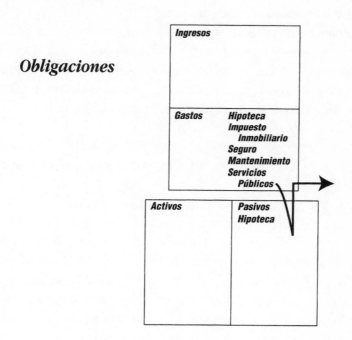

Todavía hoy me discute la idea de que una casa no es un activo. Yo sé que para muchos, es no sólo su sueño sino su mayor inversión. Y tener casa propia es mejor que nada. Simplemente, aporto una manera distinta de considerar este dogma popular. Si mi esposa y yo compráramos una casa más grande, más ostentosa, comprenderíamos que no sería un activo, sería una pasivo, ya que sacaría dinero de nuestro bolsillo.

Así que aquí expongo mi argumento. En verdad no espero que todo el mundo esté de acuerdo, ya que una casa buena es algo emocional. Y en lo que respecta al dinero, las emociones fuertes tienden a debilitar la inteligencia financiera. Sé por experiencia personal que el dinero hace que todas las decisiones tengan un tinte emocional.

1. Respecto a las casas, señalo que la mayoría de las personas trabaja toda la vida para pagar una casa que nunca es de su propiedad. Dicho de otro manera, la mayoría compra una casa nueva cada tantos años, incurriendo cada vez en un nuevo préstamo a 30 años para pagar el anterior.

2. Aunque las personas reciben una deducción de impuesto por el interés sobre los pagos de la hipoteca, pagan todos sus otros gastos con dólares después de impuestos. Incluso después de pagar su hipoteca.

3. Impuestos sobre bienes raíces. Los padres de mi esposa se asustaron cuando los impuestos de su propiedad subieron a $1,000 mensuales. Esto después de jubilarse, lo que mermó su retiro y les forzó a mudarse.

4. Las casas no siempre aumentan de valor. En 1997, todavía tengo amigos que deben un millón de dólares por una casa que hoy costaría sólo $700,000.

5. Las más grandes pérdidas son las oportunidades perdidas. Si todo su dinero está atado a su casa, se verá obligado a trabajar todavía más, porque su dinero continúa saliendo de la columna de gastos, en lugar de aumentar la columna de activos. El patrón típico del flujo de efectivo de la clase media. Si una pareja joven pusiera antes más dinero en su columna de activos su futuro sería más fácil, sobre todo cuando se preparen para mandar a sus hijos a la universidad. Sus activos habrían aumentado y estarían disponibles para cubrir gastos. Demasiado a menudo, una casa sólo sirve de vehículo para incurrir en un crédito hipotecario para poder pagar los crecientes gastos.

En resumen, el resultado final de decidir comprar una casa demasiado cara en lugar de empezar pronto una cartera de inversiones impacta a un individuo por lo menos de las siguiente tres maneras:

1. La pérdida de tiempo, durante el cual otros activos podrían haber aumentado de valor.

2. La pérdida de capital adicional, que podría invertirse en lugar de pagar los altos gastos de mantenimiento relacionados directamente con la casa.

3. La pérdida de educación. Frecuentemente, las personas computan su casa, ahorros y plan de jubilación como todo lo que tienen en su

columna de activos. Como no tienen dinero para invertir, simplemente no invierten. Eso les resta experiencia en inversiones. La mayoría nunca se convierte en lo que en el mundo de las inversiones se denomina "un inversionista sofisticado". Y las mejores inversiones normalmente se venden primero a los inversionistas sofisticados, que a su vez las venden a las personas que juegan seguro.

No les estoy diciendo que no compren una casa. Les estoy diciendo, entiendan la diferencia entre un activo y un pasivo. Cuando quiero una casa más grande, primero compro activos que generen el flujo del dinero en efectivo para pagar la casa.

El estado de cuenta de mi papá educado es el mejor ejemplo de alguien en la carrera de la rata. Sus gastos parecen siempre mantenerse al ritmo de sus ingresos, sin permitirle nunca invertir en activos. Consecuentemente, sus pasivos, como su hipoteca y las deudas de las tarjeta de crédito, son superiores a sus activos. El cuadro siguiente vale más que mil palabras.

El estado de cuenta del papá educado

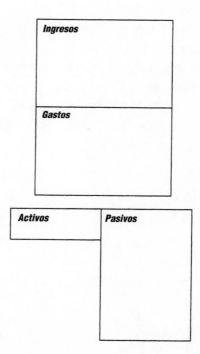

Por otra parte, el estado de cuenta de mi papá rico refleja los resultados de una vida dedicada a invertir y a minimizar los pasivos:

El estado de cuenta del papá rico

```
┌──────────────────────────┐
│ Ingresos                 │
│                          │
│                          │
│                          │
│                          │
│──────────────────────────│
│ Gastos                   │
│                          │
└──────────────────────────┘
┌──────────────┬───────────────┐
│ Activos      │ Pasivos       │
│              └───────────────┘
│
│
│
│
└──────────────┘
```

Un estudio del estado de cuentas de mi papá rico explica por qué el rico se hace más rico. La columna de activos genera un ingreso más que suficiente para cubrir los gastos, reinvirtiendo el resto en la columna de activos. La columna de activos continúa creciendo y, por consiguiente, el ingreso que produce aumenta.

Como resultado: ¡El rico se hace más rico!

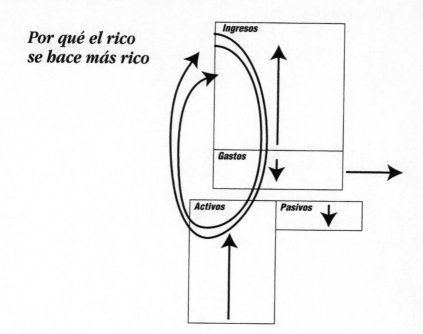

Por qué el rico se hace más rico

La clase media está siempre luchando financieramente. Su mayor ingreso son los sueldos pero a medida que estos aumentan también lo hacen sus impuestos. Sus gastos tienden a incrementarse en la misma medida en que aumentan sus sueldos; de ahí la frase "la carrera de la rata". Consideran su casa como su principal activo, en lugar de invertir en activos que generen ingresos.

Por qué lucha la clase media

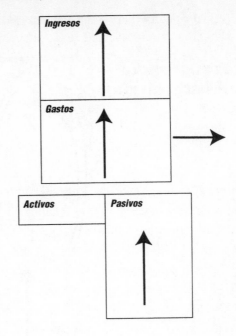

Esta tendencia a considerar la casa propia como una inversión, y la filosofía de que un aumento de sueldo significa que uno puede comprar una casa más grande o gastar más, es la base del endeudamiento de la sociedad de hoy. Este proceso de aumento del gasto mete a las familias en más deudas e incertidumbre financiera, aún cuando progresen en sus trabajos y reciban aumentos de sueldo regularmente. Esto es vivir con un alto riesgo a causa de una pobre educación financiera.

Los despidos masivos de los '90 —la reestructuración de empresas— ha puesto en evidencia la inseguridad financiera de la clase media. De repente, los planes de jubilación de las empresas son sustituídos por planes 401k. El Seguro Social tiene ciertamente problemas y no parece una fuente para la jubilación. La alarma ha cundido entre la clase media. Lo positivo es que muchas personas han reconocido estos problemas y han comprado fondos de inversión. Este aumento de la inversión es el principal motivo de la reactivación del mercado de valores que hemos notado. Cada día hay más fondos de inversión creados para satisfacer la creciente demanda de la clase media.

Los fondos de inversión tienen aceptación porque significan seguridad.

El comprador medio de los fondos de inversión está demasiado ocupado trabajando, pagando impuestos e hipotecas, ahorrando para la universidad de sus hijos y pagando las tarjetas de crédito. No tiene tiempo de estudiar cómo invertir y depende de los conocimientos del agente de fondos de inversión. También, porque el fondo de inversión incluye muchos tipos diferentes de inversiones, sienten que su dinero está más seguro porque está "diversificado".

Este grupo educado de clase media confía en la teoría de la "diversificación" propagado por los agentes de fondos de inversiones y asesores financieros. Juegue seguro. Evite el riesgo.

La verdadera tragedia es que la falta de preparación financiera es lo que crea el riesgo que enfrenta la clase media. La razón por la que tienen que jugar sobre seguro es porque sus posiciones financieras son, en el mejor de los casos, tenues. Su balance de situación no es equilibrado. Están cargados de pasivos, sin verdaderos activos que generen ingresos. Típicamente, su única fuente de ingreso es su sueldo. Su sustento está completamente en manos de su patrón.

Así que cuando se presentan las "verdaderas oportunidades", esas mismas personas no saben beneficiarse de la oportunidad. Deben jugar seguro simplemente porque trabajan duro, se les imponen impuestos al máximo y están cargados de deudas.

Como dije al principio de esta sección, la regla más importante es saber la diferencia entre un activo y un pasivo. Una vez entendida la diferencia, concentre sus esfuerzos en comprar sólo activos que generen ingresos. Ésta es la mejor manera de empezar el camino para hacerse rico. Siga haciendo eso y su columna de activos aumentará. Concéntrese en controlar sus pasivos y sus gastos. Esto le proporcionará más dinero para seguir metiendo en la columna de activos. Pronto, la base de los activos será tan profunda que podrá permitirse el lujo de considerar inversiones más especulativas. Inversiones que pueden tener rendimientos de 100 por ciento al infinito. Inversiones de $5,000 que pronto se convierten en $1 millón o más. Inversiones que la clase media denomina "demasiado arriesgadas". La inversión no es arriesgada. Es la falta de conocimientos financieros básicos, empezando con la alfabetización financiera, lo que hace que el individuo sea "demasiado arriesgado".

Si usted hace lo que hacen todos, usted consigue el cuadro siguiente.

Ingresos = Trabajo para el Dueño
Gastos = Trabajo para el Gobierno

Activos	Pasivos = Trabajo para el Banco

Como empleado y propietario, sus esfuerzos activos son generalmente de la siguiente manera:

1. Usted trabaja para otra persona. La mayoría de las personas, que trabaja a sueldo, está enriqueciendo al dueño o a los accionistas. Sus esfuerzos y logros proporcionarán el éxito y la jubilación para el dueño.
2. Usted trabaja para el gobierno. El gobierno le quita una parte de su sueldo antes de que usted lo vea. Trabajando más duro, usted aumenta la cantidad de impuestos apropiados por el gobierno – muchos trabajan de enero a mayo sólo para el gobierno.
3. Usted trabaja para el banco. Después de los impuestos, su gasto más grande es generalmente su hipoteca y las deudas de las tarjetas de crédito.

El problema con trabajar más es que cada una de estas tres entidades se apropia de una parte mayor de sus esfuerzos. Debe aprender qué hacer para que sus esfuerzos adicionales lo beneficien a usted y a su familia directamente.

Una vez que haya decidido concentrarse en atender su propio negocio, ¿cómo fija sus metas? La mayoría debe seguir con su profesión y depender de sus sueldos para financiar la adquisición de activos.

A medida que sus activos crecen, ¿cómo mide la magnitud de su éxito? ¿Cuándo comprende uno que es rico, que tiene riqueza? De la misma forma que tengo mis propias definiciones de los activos y pasivos, también tengo mi propia definición de la riqueza. Se la he copiado a un hombre llamado Buckminster Fuller. Algunos lo llaman un loco y otros lo llaman un genio viviente. Hace años dio mucho de qué hablar entre los arquitectos al solicitar en 1961 una patente para algo llamado un domo geodésico. Pero en la aplicación, Fuller también dijo algo sobre la riqueza. Al principio era un poco confuso, pero después de leerla varias veces empezó a tener sentido: La riqueza es la habilidad de una persona de subsistir un número de días a partir de . . . o, si yo dejara de trabajar hoy, ¿cuánto tiempo podría subsistir?

A diferencia del valor neto—la diferencia entre sus activos y pasivos—que a menudo se compone de las pequeñeces materiales de una persona y su opinión de lo que valen las cosas, esta definición crea la posibilidad de desarrollar una medida verdaderamente exacta. Ahora podría calcular y saber realmente donde estoy en términos de mi meta de ser independiente financieramente.

Aunque el valor neto incluye a menudo estos activos que no generan ingresos, como todo lo que compró que ahora está cogiendo polvo en su garage, la riqueza mide cuánto dinero su dinero está ganando y, por consiguiente, su supervivencia financiera.

La riqueza es la medida del flujo de dinero en efectivo de la columna de activos comparada con la columna de gastos.

Usemos un ejemplo. Digamos que tengo un flujo de dinero en efectivo de mi columna de activos de $1.000 al mes. Y tengo gastos mensuales de $2,000. ¿Cuál es mi riqueza?

Volvamos a la definición de Buckminster. Usando su definición, ¿cuántos días a partir de ahora puedo sobrevivir? Asumamos un mes de 30 días. Por esa definición, tengo suficiente flujo del dinero en efectivo para medio mes.

Cuando logre $2,000 de flujo de dinero en efectivo al mes en mi columna de activos, entonces seré adinerado.

Así que aún no soy rico, pero soy adinerado. Ahora tengo ingresos generados por mis activos que cada mes cubren todos mis gastos mensuales. Si quiero aumentar mis gastos, debo aumentar primero el flujo de dinero en efectivo de mis activos para mantener este nivel de riqueza. Tome nota de que a estas alturas ya no dependo de mi sueldo. Me he concentrado y he conseguido construir una columna de activos que me han hecho financieramente independiente. Si dejara hoy mi trabajo, podría cubrir mis gastos mensuales con el flujo de dinero en efectivo de mis activos.

Mi próxima meta sería tener el flujo de dinero en efectivo sobrante de mis activos reinvertido en la columna de activos. Cuanto más dinero entra en mi columna de activos, más crece mi columna de activos. Cuanto más crecen mis activos, más crece mi flujo del dinero en efectivo. Y mientras mantenga mis gastos inferiores al flujo del dinero en efectivo de estos activos, seré más adinerado, con más ingreso de otras fuentes aparte de mi trabajo físico.

Cuando este proceso de reinversión continúa, estoy camino a ser bien rico. La definición real del rico está en el ojo del espectador. Usted nunca puede ser demasiado rico.

Solamente recuerde estas sencillas observaciones:

Los ricos compran activos.

Los pobres sólo tienen gastos.

La clase media compra pasivos que piensan son activos.

¿Así que cómo empiezo a preocuparme de mi propio negocio? ¿Cuál es la respuesta? Escuchen al fundador de McDonald's.

ATIENDA SU PROPIO NEGOCIO

Capítulo Cuatro
Lección Tres:

Atienda su propio negocio

En 1974 pidieron a Ray Kroc, el fundador de McDonald's, que hablara a los alumnos de MBA de la Universidad de Texas en Austin. Un apreciado amigo mío, Keith Cunningham, era estudiante en esta clase. Después de una charla poderosa e inspiradora, terminó la clase y los estudiantes preguntaron a Ray si quería acompañarles a su lugar favorito a tomar unas cervezas. Ray aceptó amablemente.

—¿A qué negocio me dedico? —preguntó Ray, una vez que todo el grupo tenían sus cervezas en la mano.

—Todos nos reímos —dijo Keith. La mayoría de los estudiantes de MBA pensó que Ray estaba bromeando.

Nadie contestó, así que Ray preguntó de nuevo. —¿A qué negocio creen que me dedico?

Los estudiantes se rieron de nuevo y finalmente una alma valiente gritó: —Ray, ¿quién no sabe que usted está en el negocio de la hamburguesa?

Ray se rió entre dientes. —Eso es lo que pensé que dirían—. Hizo una pausa y dijo rápidamente: —Señoras y señores, no me dedico al negocio de la hamburguesa. Mi negocio es el sector inmobiliario.

Keith contó que Ray pasó mucho tiempo explicándoles su punto de vista. En su plan de negocios, Ray sabía que el principal enfoque comercial era vender las franquicias de hamburguesas, pero lo que nunca perdió de vista fue la localización de cada franquicia. Sabía que la ubicación del local es el factor determinante del éxito de cada franquicia. Básicamente, la persona que compraba la franquicia también estaba pagando, comprando, el terreno debajo de la franquicia para la organización de Ray Kroc.

McDonald's es hoy el mayor propietario de bienes raíces del mundo, con más propiedades aun que la Iglesia Católica. Hoy, McDonald's posee algunas de las esquinas e intersecciones de calles más valiosas de América, así como de otras partes del mundo.

Keith dijo que había sido una de las lecciones más importantes de su vida. Hoy, Keith es propietario de una cadena de lavaderos de automóviles, pero su verdadero negocio debajo de los lavaderos es el inmobiliario.

El capítulo anterior acabó con diagramas que ilustraban que la mayoría de las personas trabajan para todos menos para ellos mismos. Primero trabajan para los dueños de la compañía, después para el gobierno a través de los impuestos, y finalmente para el banco que es dueño de su hipoteca.

De jóvenes, no teníamos cerca ningún McDonald's. Aún así, mi papá rico fue el responsable de que Mike y yo aprendiéramos la misma lección que Ray Kroc impartió en la Universidad de Texas. Es el secreto número tres de los ricos.

El secreto es: "Atiende tu propio negocio". La lucha financiera es a menudo el resultado directo de las personas que trabajan toda su vida para otros. Muchos no tendrán nada al final de su vida laboral.

De nuevo, un cuadro vale mil palabras. Aquí está el diagrama de balance y cuenta de explotación que mejor describe el consejo de Ray Kroc:

Nuestro actual sistema educativo se concentra en preparar a la juventud para conseguir un buen trabajo desarrollando su preparación académica. Sus vidas giran alrededor de sus sueldos, o como expliqué antes, su columna de ingresos. Y desarrollando sus habilidades escolásticas, acceden a niveles todavía más altos de estudio para perfeccionar sus habilidades profesionales. Estudian para ser ingenieros, científicos, cocineros, policía, artistas, escritores y así sucesivamente. Estas habilidades profesionales les permiten entrar en el mundo laboral y trabajar por dinero.

Hay una gran diferencia entre su profesión y su negocio. A menudo pregunto a la gente ¿a qué se dedican? Y contestan: "Oh, soy banquero". Entonces les pregunto: "¿Son dueños del banco?" Y generalmente contestan: "No, trabajo allí".

En ese caso, confunden su profesión con su negocio. Su profesión puede ser la de banquero, pero aún así necesitan su propio negocio. Ray Kroc tenía claro la diferencia entre su profesión y su negocio. Su profesión siempre era la misma. Era un vendedor. En su día vendía batidoras y poco después vendía franquicias de hamburguesas. Pero mientras su profesión era vender franquicias de hamburguesas, su negocio era acumular propiedad inmobiliaria que generara ingresos.

Un problema con la escuela es que uno se convierte en lo que estudia. Así, si usted estudia cocina, acaba siendo chef. Si estudia derecho, acaba siendo abogado y si estudia mecánica, acaba siendo mecánico de autos. El problema de convertirse en lo que estudia es que muchos se olvidan de atender su propio negocio. Se pasan la vida ocupados con los negocios de otros, haciéndolos ricos.

Para afianzarse financieramente, uno necesita atender su propio negocio. Su negocio gira alrededor de su columna de activos, en lugar de su columna de ingresos. Como dije antes, la regla número uno es saber la diferencia entre un activo y un pasivo, y comprar activos. Los ricos se concentran en su columna de activos mientras todos los demás se centran en su declaración de renta.

Esa es la razón por la cual escuchamos tan a menudo: "Necesito un aumento". "Si sólo me dieran una promoción". "Voy a volver a la escuela para prepararme más y conseguir un trabajo mejor". "Voy a trabajar horas extras". "Quizás consiga un segundo trabajo". "Renuncio en dos semanas. He encontrado un trabajo que paga más".

En algunos círculos, éstas son ideas sensatas. Pero si escuchas a Ray Kroc, todavía no te estás ocupando de tu propio negocio. Todas estas ideas se concentran en la columna de ingresos y sólo se afianzará financieramente una persona si el dinero adicional se utiliza para comprar activos que generen ingresos.

La principal razón por la cual la mayoría de los pobres y la clase media son fiscalmente conservadores, que significa "No puedo permitirme el lujo de arriesgarme", es porque no tiene ninguna base financiera. Tienen que aferrarse a su trabajos. Tienen que jugar seguro.

Cuando las reducciones de personal se pusieron de moda, millones de obreros descubrieron que su mayor activo, su casa, se los estaba comiendo vivos. Su activo, la casa, les costaba dinero todos los meses. Su automóvil, otro "activo", estaba comiéndoselos vivos. Sus palos de golf de $1,000 que estaban en el garaje ya no valían lo de antes. Sin la seguridad del trabajo, no tenían nada en qué apoyarse. Lo que creían eran activos no podían ayudarlos a sobrevivir una crisis financiera.

Supongo que la mayoría de nosotros ha completado una solicitud de préstamo para un banquero a la hora de comprar una casa o un automóvil. Siempre resulta interesante mirar la sección del valor neto. Es interesante respecto a lo que la banca y los contadores consideran como activos.

Un día necesitaba un préstamo pero mi situación financiera no parecía excesivamente prometedora. Así que agregué en la columna de activos mis nuevos palos de golf, mi colección de arte, los libros, el estéreo, la televisión, los trajes de Armani, los relojes de pulsera, zapatos y otros efectos personales para aumentar la cifra.

Aun así me negaron el préstamo porque tenía demasiado invertido en bienes raíces. El comité de créditos no apreciaba que ganara tanto dinero alquilando casas de apartamentos. Querían saber por qué no tenía un trabajo normal con un sueldo. No cuestionaron los trajes de Armani, los palos de golf o la colección de arte. Muchas veces cuando no encajas en el perfil "normal" la vida resulta difícil.

Me desconcierto cada vez que alguien me dice que su valor neto es un millón de dólares o $100,000 dólares o lo que sea. Una de las principales razones por las que el valor neto no es una cifra exacta es porque en cuanto empiezas a vender tus activos, se grava cualquier ganancia.

Hay tantas personas que han tenido serios problemas financieros cuando se les acaban los ingresos. Para conseguir efectivo, venden sus activos. Para empezar, sólo pueden vender sus activos personales por una fracción del valor registrado en su balance de situación personal. O si hay alguna ganancia en la venta de los activos, se grava el beneficio. De nuevo el gobierno se lleva su porción de los beneficios, reduciendo así la cantidad disponible para ayudarlos a salir de deudas. Por eso siempre digo que el valor neto es a menudo "menor" de lo que uno piensa.

Empiece a cuidar su propio negocio. Guarde su trabajo diario, pero compre activos reales, no pasivos o efectos personales que no tienen valor cuando los entra en casa. Un nuevo automóvil pierde casi 25 por ciento del precio que pagó en el momento que lo saca del lote. No es un verdadero activo aun cuando su banquero le deje listarlo como tal. Mi nuevo palo de golf de titanio de $400 apenas valía $150 en el momento que salí a jugar con él.

Para los adultos: controlen sus gastos, reduzcan sus pasivos y diligentemente construyan una base de activos sólidos. Para los jóvenes que todavía no se han ido de casa, es importante que sus padres les enseñen la diferencia entre un activo y un pasivo. Consigan que empiecen a edificar una sólida columna de activos antes de irse de casa, se casen, compren una casa, tengan hijos y se metan en una situación financiera arriesgada, aferrándose a un trabajo y comprando todo a crédito. Veo a tantas parejas jóvenes que se casan y se entrampan con un estilo de vida que no les permitirá salir de deudas por muchos años de actividad.

Para la mayoría de los padres, en cuanto el último niño deja el hogar, comprenden que no están preparados adecuadamente para la jubilación y empiezan a correr para guardar algún dinero. Entonces, se enferman sus propios padres y se encuentran con nuevas responsabilidades.

Así que ¿qué tipo de activo estoy sugiriendo que compren usted o sus hijos? En mi mundo, los activos reales entran en varias categorías diferentes:

1. Negocios que no requieren mi presencia. Son míos pero los manejan o gestionan otras personas. Si tengo que trabajar allí, no es un negocio. Se vuelve mi trabajo.
2. Las acciones.
3. Los bonos.
4. Los fondos de inversión.
5. Los bienes raíces que generan ingresos.
6. Los pagarés.
7. Los derechos de autor de la propiedad intelectual como la música, guiones, patentes.
8. Y cualquier otra cosa que tenga valor, produzca ingresos o se aprecia y tenga demanda.

Mi papá educado me animó de joven a encontrar un trabajo. Mi papá rico, por otro lado, me animó a que empezara adquiriendo activos que me gustaran. "Si no los aprecias, no los cuidarás". Colecciono propiedades simplemente porque me gustan los edificios y los terrenos. Me encanta ir a comprarlos. Podría mirarlos todo el día. Cuando hay problemas, no son tan malos como para cambiar mi aprecio por los bienes raíces. Pero las personas que odian las propiedades no deben comprarlas.

Me encantan las acciones de compañías pequeñas, sobre todo las que acaban de crearse. La razón es que soy empresario, no una persona corporativa. En mi temprana juventud trabajé para organizaciones grandes, como Standard Oil of California, los U.S. Marines y Xerox. Disfruté mi tiempo con esas organizaciones y guardo buenos recuerdos, pero me conozco y no soy un hombre de empresa. Me gusta empezar las compañías, no dirigirlas. Así que mis acciones suelen ser de compañías pequeñas, incluso a veces empiezo la compañía y la hago pública. Las fortunas se hacen con la emisión de nuevas acciones y me encanta el juego. Muchas personas tienen miedo de las compañías pequeñas y las llaman arriesgadas, y lo son. Pero el riesgo siempre disminuye si le gusta invertir, lo entiende y sabe el juego. Con las compañías pequeñas, mi estrategia de inversión es salirme al año. Mi estrategia de bienes raíces, por otro lado, es empezar pequeño y continuar vendiendo las propiedades por otras más grandes y, por consiguiente, retrasar los impuestos sobre la ganancia. Esto permite que el valor aumente dramáticamente. Generalmente mantengo mis propiedades menos de siete años.

Durante años, incluso mientras estaba en los Marines y en Xerox, hice lo que mi papá rico recomendó. Guardé mi trabajo de día, pero me preocupé por atender mi propio negocio. Era activo con mi columna de activos. Comerciaba con bienes raíces y acciones pequeñas. El papá rico siempre enfatizó la importancia de la educación financiera. Cuanto mejor entendía la contabilidad y la administración del dinero, mejor analizaba las inversiones para, eventualmente, crear mi propia compañía.

No animaría a nadie a empezar una compañía a menos que realmente lo quiera hacer. Sabiendo lo que sé sobre la gestión de una compañía, no se la desearía a cualquiera. Hay veces que las personas no pueden encontrar empleo y empezar una compañía puede ser una solución para ellos. Las probabilidades están contra su éxito: Nueve de diez empresas cierran en cinco años. De aquéllas que sobreviven los primeros cinco años, nueve de cada diez también cerrarán en el futuro. Así que sólo lo recomiendo si realmente tiene el deseo de tener su propia compañía. Por otra parte, guarde su trabajo de día y preocúpese de su propio negocio.

Cuando digo "atienda su propio negocio", quiero decir construya y guarde bien su columna de activos. Una vez que entra un dólar, no permita que salga. Piense de esta manera, cuando un dólar entra en su columna de activos, se convierte en su empleado. Lo mejor del dinero es que funciona 24 horas al día y puede trabajar por generaciones. Guarde su trabajo de día, sea un empleado modelo, pero continúe edificando su columna de activos.

Cuando su flujo del dinero crezca, podrá comprar algún lujo. Una diferencia importante es que los ricos compran los lujos lo ultimo, mientras que el pobre y la clase media tienden a comprar los lujos primero. El pobre y la clase media a menudo compran artículos de lujo como casas grandes, diamantes, pieles, joyas o barcos porque quieren parecer ricos. Parecen ricos, pero en realidad se adeudan más. Las personas de dinero antiguo, los ricos de siempre, construyen primero su columna de activos. Entonces, el ingreso generado por la columna de activos compra sus lujos. Los pobres y la clase media compran los lujos con su propio sudor y sangre y la herencia de sus hijos.

El verdadero lujo es una recompensa por invertir y desarrollar un activo real. Por ejemplo, cuando mi esposa y yo teníamos dinero extra del alquiler de nuestros apartamentos, ella se compró un Mercedes. No tomó ningún trabajo extraordinario ni riesgo por su parte porque la casa de apartamentos compró el automóvil. Ella, sin embargo, tuvo que esperar cuatro años hasta que la carpeta de inversión de bienes raíces creció y produjo el suficiente flujo de dinero extra para pagar por el automóvil. Pero el lujo, el Mercedes, era un verdadero premio porque había aumentado su columna de activos. Ese automóvil significa ahora mucho más para ella que otro automóvil bonito. Significa que usó su inteligencia financiera para darse ese lujo.

Lo que hace la mayoría de las personas es salir impulsivamente y comprar un automóvil nuevo o algún otro lujo, a crédito. Pueden estar aburridos y querer un nuevo juguete. Comprar a crédito motiva que más tarde o más temprano la persona resienta ese lujo porque su deuda se convierte en una carga financiera.

Una vez que se ha molestado en invertir y ha construido su propio negocio, está listo para agregar el toque mágico, el secreto más grande del rico. El secreto que coloca al rico a la cabeza. El premio al final del camino por haberse molestado diligentemente en ocuparse de su propio negocio.

LA HISTORIA DE LOS IMPUESTOS Y EL PODER DE LAS CORPORACIONES

Capítulo Cinco
Lección Cuatro:

La historia de los impuestos y el poder de las corporaciones

Recuerdo haber escuchado en el colegio la historia de Robin Hood y sus Hombres Alegres. Mis profesores pensaban que era una historia maravillosa, la historia de un héroe romántico, tipo Kevin Costner, que robaba al rico y daba al pobre. Mi papá rico no veía a Robin Hood como un héroe. Le llamaba Robin Hood, el ladrón.

Robin Hood hace tiempo que desapareció, pero sus seguidores siguen vivos. Todavía oigo a las personas decir: "¿Por qué no lo pagan los ricos?" O "El rico debe pagar más impuestos y dar a los pobres".

Es esa idea de Robin Hood, la de tomar del rico para darle al pobre, la que ha causado la mayoría de los problemas para el pobre y la clase media. La razón por la que la clase media paga tantos impuestos es debido al ideal que representa Robin Hood. La realidad es que el rico no paga tantos impuestos. Es la clase media la que paga por los pobres, sobre todo la clase media alta, educada, de ingresos altos.

De nuevo, para entender cómo pasan las cosas, necesitamos tener una perspectiva histórica. Necesitamos ver la historia de los impuestos. Aunque mi papá educado era un experto en historia de la educación, mi papá rico se hizo un experto en la historia de los impuestos.

El papá rico nos explicó a Mike y a mí que en Inglaterra y en Estados Unidos originalmente no existían impuestos. Había impuestos temporales recaudados de vez en cuando para financiar las guerras. El rey o el presidente pedían que todos contribuyeran. Se recaudaron impuestos en Gran Bretaña para luchar contra Napoleón de 1799 a 1816, y en Norte América para pagar por la Guerra Civil de 1861 a 1865.

En 1874, Inglaterra creó el impuesto sobre la renta, una leva impositiva permanente de sus ciudadanos. En 1913, el impuesto sobre la renta se hizo permanente en Estados Unidos con la adopción de la Enmienda 16 a la Constitución. En un tiempo, los norteamericanos habían sido anti-impuestos. Había sido el impuesto excesivo del té lo que llevó a la famosa Fiesta del Té en el Puerto de Boston, un incidente que provocó la Guerra Revolucionaria. Tomó aproximadamente 50 años en Inglaterra y en Estados Unidos vender la idea de un impuesto sobre la renta.

Lo que no revelan estas fechas históricas es que estos dos impuestos se recaudaban sólo de los ricos. Esto era lo que el papá rico quería que Mike y yo entendiéramos. Nos explicó que la idea de los impuestos se hizo popular, y aceptada por la mayoría, diciendo a los pobres y a la clase media que se habían creado para castigar al rico. Así es como las masas votaron por la ley, y se volvió legal constitucionalmente. Aunque se pensaba que castigaba al rico, en realidad castigaba a las mismas personas que lo votaron, los pobres y la clase media.

"Una vez que el gobierno probó el sabor del dinero, creció su apetito", dijo el papá rico. "Tu papá y yo estamos diametralmente opuestos. Él es un burócrata y yo soy un capitalista. Los dos cobramos, y nuestro éxito se mide por conductas inversas. Él cobra por gastar el dinero y contratar a personas. Cuanto más gasta y más personas contrata, más grande se vuelve su organización. En el gobierno, cuanto más grande su organización, más te respetan. Por otro lado, dentro de mi organización, cuantas menos personas contrato y menos dinero gasto, más me respetan mis inversionistas. Por eso no me gustan los burócratas. Ellos tienen objetivos diferentes a la mayoría de los hombres de negocio. Cuando el gobierno crece, cada vez se necesitarán más dólares de impuesto para apoyarlo.

Mi papá educado creía fervientemente que el gobierno debía ayudar a las personas. Amaba a John F. Kennedy y sobre todo la idea de los Cuerpos de Paz. Le gustaba tanto la idea que él y mi mamá trabajaron para los Cuerpos de Paz entrenando voluntarios que iban a Malasia, Tailandia y las Filipinas. Él siempre luchaba para lograr concesiones adicionales y aumentos de presupuesto para poder contratar a más personas, tanto en su trabajo con el Departamento de Educación como en los Cuerpos de las Paz. Ése era su trabajo.

Desde que tenía 10 años aproximadamente, escuché a mi papá rico decir que los funcionarios eran una camarilla de ladrones perezosos, y a mi papá pobre que los ricos eran unos ladrones avaros a los que había que hacerles pagar más impuestos. Ambos lados tienen puntos válidos. Era difícil ir a trabajar para uno de los capitalistas más grandes del pueblo y regresar a la casa de un padre que era un conocido líder gubernamental. No era fácil saber a quién creer.

Pero cuando se estudia la historia de los impuestos, nace una perspectiva interesante. Dije que la aprobación de los impuestos sólo fue posible porque las masas creyeron en la teoría económica de Robin Hood de tomar del rico y dar a los demás. El problema era que el apetito del gobierno por el dinero era tan grande que pronto necesitaron recaudar impuestos de la clase media, y de allí siguió "goteando" hacia abajo.

El rico, por otro lado, vio una oportunidad. Ellos no juegan con las mismas reglas. Como ya he dicho, el rico ya conocía las corporaciones, que se popularizaron en la época de la navegación en veleros. El rico creó la corporación como un vehículo para limitar el riesgo a los activos de cada viaje. El rico ponía su dinero en una corporación para financiar el viaje. La corporación contrataba una tripulación para navegar al Nuevo Mundo y buscar los tesoros. Si la nave se perdía, la tripulación perdía sus vidas, pero las pérdidas para el rico se limitaban al dinero que había invertido en ese viaje. El diagrama que sigue muestra cómo la estructura corporativa se sitúa fuera de su declaración de renta y balance de situación.

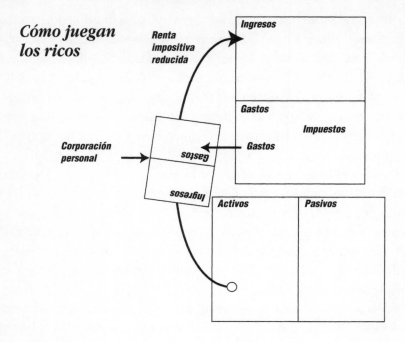

Cómo juegan los ricos

Es el conocimiento del poder de la estructura legal de la corporación la que proporciona al rico una inmensa ventaja sobre los pobres y la clase media. Con dos padres que me enseñaban, uno socialista y otro capitalista, empecé a comprender rápidamente que la filosofía del capitalista tenía más sentido financiero para mí. Me parecía que los socialistas se castigaron por su falta de educación financiera. No importa lo que inventen las masas que promulgan "quitárselo a los ricos", el rico siempre encuentra la manera de ser más listo que ellos. Así es cómo eventualmente se recaudaron impuestos de la clase media. El rico era más listo que los intelectuales, solamente porque entendía el poder de dinero, un tema que no se enseña en las escuelas.

¿Cómo hizo el rico para ser más listo que los intelectuales? Una vez aprobado el impuesto de "quitárselo a los ricos", el dinero en efectivo empezó a llenar los cofres del gobierno. Inicialmente, la gente estaba contenta. El dinero se entregaba a los funcionarios y a los ricos. Llegaba a los funcionarios por medio de trabajos y pensiones. Llegaba al rico porque sus fábricas recibían contratos del gobierno. El gobierno se convirtió en una fuente enorme de dinero, el problema era la gestión fiscal de ese dinero. No tenía ninguna recirculación. En otras palabras, la política gubernamental, si usted era un burócrata, era evitar tener dinero en exceso. Si usted no gastaba la parte asignada se arriesgaba a perder su próximo presupuesto.

Ciertamente, no le honrarían por ser eficaz. A los empresarios, por otro lado, se les honra por tener dinero en exceso y se les reconoce su eficacia.

Al aumentar y continuar este ciclo de gasto gubernamental, la demanda de dinero aumentaba y la idea de que "paguen los ricos" se ajustaba para incluir a personas con niveles de ingresos más bajos, las mismas personas que lo votaron, los pobres y la clase media.

Los verdaderos capitalistas usaron su conocimiento financiero para encontrar una manera de escapar. Regresaron a la protección de una corporación. Una corporación protege al rico. Pero lo que muchas personas que nunca han creado una corporación desconocen es que una corporación no es realmente una cosa. Una corporación es meramente una carpeta de archivo con algunos documentos legales dentro, en la oficina de algún abogado registrada con una agencia gubernamental estatal. No es un edificio grande con el nombre de una corporación. No es una fábrica o un grupo de personas. Una corporación es meramente un documento legal que crea una entidad legal sin un alma. La riqueza del rico estaba una vez más protegida. Una vez más, el uso de corporaciones se volvió popular — una vez aprobadas la ley de impuestos sobre la renta — porque la proporción de impuestos sobre la renta de la corporación era inferior a la proporción de impuestos sobre la renta individual. Además, como dije anteriormente, la corporación podía pagar ciertos gastos con dólares antes de impuestos.

Esta guerra entre los pobres y los ricos lleva librándose por cientos de años. Son los que promueven "que paguen los ricos" contra los ricos. La batalla se emprende siempre y dondequiera que se hagan las leyes. La batalla seguirá siempre. El problema es que los que pierden son los ignorantes. Los que se levantan diligentemente todos los días y van a trabajar y pagan impuestos. Si entendieran la manera en que juegan los ricos, ellos también podrían jugar. Entonces, estarían camino de su propia independencia financiera. Por eso me enojo cada vez que oigo a un padre aconsejar a sus hijos que vayan a la escuela, para que puedan encontrar un trabajo seguro. Un empleado con un trabajo seguro, sin aptitud financiera, no tiene ningún escape.

El americano medio hoy trabaja de cinco a seis meses para el gobierno para cubrir sus impuestos. En mi opinión, es mucho tiempo. Cuanto más duro trabaja, más paga al gobierno. Por eso creo que la idea de "que paguen los ricos" estafó a las mismas personas que la votaron.

Cada vez que intentan castigar al rico, el rico no acepta y reacciona. Tiene el dinero, el poder y la decisión para cambiar las cosas. No se quedan sentados y voluntariamente pagan más impuestos. Buscan la maneras de minimizar su carga impositiva. Contratan a abogados inteligentes, a contadores y persuaden a los políticos para que cambien las leyes o creen lagunas impositivas. Ellos tienen los activos para efectuar el cambio.

El Código Impositivo de los Estados Unidos también admite otras maneras de ahorrar impuestos. La mayoría de estos vehículos está disponible a cualquiera, pero es el rico quién normalmente los busca porque se preocupa por su propio negocio. Por ejemplo, el 1031 —como se conoce en la jerga a la Sección 1031 del Internal Revenue Code— permite a un vendedor retrasar el pago de los impuestos por la venta de una propiedad que se vende por una ganancia importante a través de un intercambio por una propiedad más cara. Los bienes raíces son un vehículo de inversión que permite gran ventaja impositiva. Con tal de que usted siga comerciando con su valor, no se gravan sus beneficios hasta que usted liquide. Las personas que no se aprovechan de estos ahorros impositivos están perdiendo una gran oportunidad de edificar su columna del activos.

Los pobres y la clase media no tienen los mismos activos. Se quedan sentados permitiendo que el gobierno les meta la aguja en el brazo y empiece la donación de sangre. Me sorprendo constantemente por el número de personas que pagan más impuestos, o toma menos deducciones, porque tienen miedo al gobierno. Y yo sé lo aterrador e intimidante que puede ser un inspector fiscal. He tenido amigos a los que les han cerrado y destruido el negocio para descubrir más tarde que era un error del gobierno. Lo comprendo. Pero el precio de trabajar de enero a mediados de mayo es un precio alto para pagar por esa intimidación. Mi papá pobre nunca luchó. Mi papá rico tampoco. Pero jugó el juego más inteligentemente, y lo hizo a través de la corporación —el secreto más grande del rico.

Puede que recuerden la primera lección que aprendí de mi papá rico. Era un muchacho de 9 años que tenía que sentarse y esperar a que él decidiera hablar conmigo. Yo me sentaba a menudo en su oficina esperando que me "atendiera". Él estaba ignorándome a propósito. Quiso que reconociera su poder y quisiera tenerlo un día. Durante todos los años que estudié y aprendí de él, siempre me recordó que el conocimiento era poder. Y con el dinero viene un gran poder que exige conocimientos de cómo guardarlo y hacerlo multiplicar. Sin este conocimiento, el mundo te golpea. El papá rico siempre nos recordó a Mike y a mí que el matón más grande no era el jefe o el supervisor, sino el recaudador de impuestos. El recaudador de impuestos siempre tomará más si usted le deja.

La primera lección para hacer que el dinero trabaje para usted, lo opuesto a trabajar por dinero, se refiere al poder. Si usted trabaja por dinero, usted entrega el poder a su patrón. Si su dinero trabaja para usted, usted guarda y controla el poder.

Una vez que aprendimos a que el dinero trabajase para nosotros, nos quiso enseñar a ser financieramente inteligentes y a no permitir que los matones nos avasallaran. Necesitan saber derecho y cómo trabaja el sistema. Si uno es ignorante, es fácil ser intimidado. Si sabe de lo que está hablando, tiene una oportunidad de vencer. Por eso pagaba tanto a los contadores de impuesto y a los abogados. Era menos caro pagarlos que pagar al gobierno. Su mejor lección qué he usado casi toda mi vida, es "Sé listo y no se aprovecharán tanto de ti". Conocí la ley porque resultaba caro no conocerla. "Si sabes que tienes razón, no tengas miedo de luchar. Aunque vayas en contra de Robin Hood y su pandilla de Hombres Alegres".

Mi papá educado siempre me animó a buscar un trabajo bueno en una gran corporación. Hablaba de las virtudes de "ascender por la escalera corporativa". No entendía que depender de un sueldo de un solo patrón corporativo, me convertía en una vaca dócil listo para ser ordeñada.

Cuando le dije a mi papá rico el consejo de mi padre, se rió entre dientes: "¿Por qué no ser dueño de la escalera?", fue todo lo que dijo.

De joven no entendí lo qué mi papá rico decía acerca de tener mi propia corporación. Era una idea que parecía imposible e intimidante. Aunque me entusiasmaba la idea, mi juventud no me permitiría prever la posibilidad de que los mayores trabajarían algún día para una compañía de mi propiedad.

El punto es que si no hubiera sido por mi papá rico, probablemente hubiera seguido el consejo de mi papá educado. Era el recordatorio ocasional de mi papá rico lo que mantenía viva la idea de poseer mi propia corporación y que me mantuvo en un camino diferente. Cuando tenía 15 o 16 años supe que no iba a seguir el camino que mi papá educado me estaba recomendando. No sabía cómo iba a hacerlo, pero estaba decidido a no emprender la misma dirección que la mayoría de mis compañeros de clase. Esa decisión cambió mi vida.

No fue hasta que estuve en la veintena que el consejo de mi papá rico empezó a tener más sentido. Acababa de salir de los Marines y estaba trabajando para Xerox. Estaba ganando bastante dinero, pero siempre que veía mi sueldo me sentía defraudado. Las deducciones eran muy grandes, y cuanto más trabajaba mayores eran. Cuando empecé a tener más éxito, mis jefes me hablaron de promociones y aumentos. Me estaban adulando, pero podía oír a mi papá rico que me preguntaba al oido: "¿Para quién estás trabajando?" "¿A quién estás haciendo rico?

En 1974, mientras trabajaba para Xerox, formé mi primera corporación y empecé a atender mi propio negocio. Tenía ya unos activos en mi columna de activos, pero ahora estaba decidido a concentrarme para hacerlos más grandes. Esos sueldos con todas las deducciones dieron sentido total a todos los años de consejos de mi papá rico. Podía ver el futuro si seguía el consejo de mi papá educado.

Muchos patrones sienten que aconsejar a sus obreros que se preocupen por su propio negocio es malo para el negocio. Estoy seguro que puede ser así para algunos individuos. Pero para mí, enfocarme en mi propio negocio, desarrollando activos, me hizo mejor empleado. Ahora tenía un propósito. Entraba temprano y trabajaba diligentemente, juntando todo el dinero posible para empezar a invertir en bienes raíces. Hawaii empezaba a despuntar y se podían hacer fortunas. Cuanto más comprendía que estábamos al principio de un boom, más máquinas Xerox vendía. Cuantas más vendía, más dinero ganaba, y, claro, más deducciones sufría mi sueldo. Me sentía inspirado. Tenía tantas ganas de salir de la trampa de ser un empleado que trabajaba más duro, no menos. En 1978, estaba de forma consistente entre los cinco principales vendedores y a menudo era el primero. Quería salir de la carrera de la rata.

En menos de tres años estaba ganando más en mi propia corporación pequeña de bienes raíces que en Xerox. Y el dinero que estaba ganando en mi columna de activos, en mi propia corporación, era dinero que trabajaba para mí. No tenía que golpear puertas para vender fotocopiadoras. El consejo de mi papá rico tenía mucho más sentido. Pronto el flujo del dinero en efectivo de mis propiedades era tal que mi compañía me compró mi primer Porsche. Mi compañero en Xerox pensó que me estaba gastando mis comisiones. No lo eran. Estaba invirtiendo mis comisiones en activos.

Mi dinero estaba trabajando duro para ganar más dinero. Cada dólar en mi columna de activos era un gran empleado, trabajando para tener más empleados y comprarle un nuevo Porsche al jefe con dólares antes de impuestos. Empecé a trabajar más duro para Xerox. El plan funcionaba, y mi Porsche era la prueba.

Usando las lecciones que aprendí de mi papá rico, pude salir de la carrera de la rata proverbial de ser un empleado de joven. Fue posible debido al conocimiento financiero fuerte que había adquirido a través de estas lecciones. Sin ese conocimiento financiero que yo llamo inteligencia financiera, mi camino hacia la independencia financiera habría sido mucho más difícil. Ahora enseño a otros a través de los seminarios financieros con la esperanza de poder compartir mis conocimientos con ellos. Siempre que hago mis presentaciones, recuerdo a las personas que la inteligencia financiera se compone de cuatro áreas amplias de especialización.

No. 1 es contabilidad. Lo que yo llamo "alfabetización financiera". Una habilidad vital si usted quiere construir un imperio. Cuanto más dinero esté bajo su control, más exactitud se requiere, o la casa se vendrá abajo. Éste es el lado del cerebro izquierdo, el de los detalles. La alfabetización financiera es la habilidad para leer y entender las declaraciones financieras. Esta habilidad le permite identificar las fuerzas y debilidades de cualquier negocio.

No. 2 es invertir. Lo que yo llamo la ciencia del dinero que gana dinero. Esto implica estrategias y fórmulas. Éste es el lado derecho del cerebro, el lado creativo.

No. 3 es entender el mercado. La ciencia de la oferta y la demanda. Hay necesidad de conocer los aspectos técnicos del mercado que es dirigido por la emoción; el muñeco Elmo "Hágame Cosquillas" en la Navidad de 1996 es un ejemplo de mercado técnico, o dirigido por la emoción. El otro factor de mercado es el sentido económico de una inversión. Tiene sentido hacer una inversión o no tiene sentido basado en las condiciones de mercado actuales.

Muchas personas piensan que los conceptos de invertir y entender el mercado son demasiado complejos para los niños. Ellos no ven que los niños conocen esos asuntos intuitivamente. Para aquéllos no familiares con el muñeco Elmo, era un personaje de Sesame Street muy promocionado entre los niños antes de Navidad. Todos los niños querían uno y lo ponían arriba de su listas de Navidad. Muchos padres se preguntaron si la compañía había retirado el producto del mercado intencionalmente mientras continuaba anunciándolo para Navidad. Se desató el pánico por la gran demanda y la falta de suministro. No había ningún muñeco para comprar en las tiendas, y los especuladores vieron la oportunidad de hacer una pequeña fortuna a costa de los padres desesperados. Los desafortunados padres que no encontraron un muñeco que comprar tuvieron que comprar otro juguete para Navidad. La popularidad increíble del muñeco Elmo "Hágame Cosquillas" no tenía ningún sentido para mí, pero sirve como un ejemplo excelente de la oferta y la demanda . Lo mismo pasa en el mercado de valores, bonos, bienes raíces y tarjetas de béisbol.

No. 4 es la ley. Por ejemplo, utilizando una corporación abrigada por las habilidades técnicas de contabilidad, inversiones y comercialización puede crear un crecimiento explosivo. Un individuo con conocimiento de las ventajas fiscales de una corporación puede hacerse rico más rápido que un empleado o un propietario de una pequeña empresa. Es como la diferencia entre alguien que camina y alguien que vuela. La diferencia es profunda respecto a las riquezas a largo plazo.

1. Las ventajas fiscales: Una corporación puede hacer muchas más cosas que un individuo. Como pagar gastos antes de pagar impuestos. Ésa es una área entera de especialización muy interesante, pero no debe entrar a menos que tenga grandes activos o un gran negocio.

Los empleados ganan y pagan impuestos, e intentan vivir con lo que les queda. Una corporación gana, gasta todo lo que puede, y paga impuestos de lo que queda. Es una de la mayores lagunas impositivas legales que usa el rico. Son fáciles de preparar y no son caras si sus propias inversiones le están produciendo un flujo de dinero importante. Por ejemplo; si es dueño de su propia corporación, las vacaciones en Hawai son reuniones de consejo. Los pagos del automóvil, seguro, reparaciones son gastos de la compañía. La cuota del gimnasio es un gasto de la compañía. Muchas comidas en restaurantes son gastos parciales. Y sin parar, pero hágalo legalmente con dólares antes de impuestos.

2. Protección de los pleitos. Vivimos en una sociedad litigiosa. Todos quieren algo suyo. Los ricos ocultan su riqueza usando vehículos como las corporaciones y los *trust* para proteger sus activos de los acreedores. Cuando alguien demanda a un individuo adinerado se encuentra con capas de protección legal, y a menudo descubren que la persona adinerada realmente no tiene nada. Lo controlan todo, pero no tienen nada. Los pobres y la clase media intentan tenerlo todo pero se lo entregan al gobierno o a sus conciudadanos que disfrutan demandando a los ricos. Lo aprendieron de Robin Hood. Tome del rico, dé al pobre.

El propósito de este libro no es entrar en detalles sobre la propiedad de una corporación. Pero le diré que si es propietario de activos legítimos, consideraría averiguar lo más pronto posible los beneficios y protección ofrecidos por una corporación. Hay muchos libros escritos sobre el asunto que detallan los beneficios e incluso lo guian sobre los pasos a seguir para crear una corporación. Uno en particular, *Inc. and Grow Rich* proporciona una visión maravillosa del poder de las corporaciones personales.

La inteligencia financiera es la sinergia de muchas habilidades y talentos. Pero yo diría que es la combinación de las cuatro habilidades técnicas arriba mencionadas lo que componen la inteligencia financiera básica. Si usted aspira a la gran riqueza, es la combinación de estas habilidades la que amplificará la inteligencia financiera del individuo.

En resumen

Los ricos con corporaciones
1. Gane
2. Gaste
3. Pague Impuestos

Las personas que trabajan para corporaciones
1. Gane
2. Pague Impuestos
3. Gaste

Como parte de su estrategia financiera global, recomendamos tener su corporación envuelta entre sus activos.

LOS RICOS
INVENTAN EL DINERO

Capítulo Seis
Lección Cinco:

Los ricos
inventan el dinero

Anoche descansé un rato de escribir y me puse a ver un programa de televisión sobre un joven llamado Alexander Graham Bell. Bell acababa de patentar su teléfono y estaba teniendo problemas de expansión debido a la fuerte demanda de su nueva invención. Necesitaba una compañía más grande y fue al gigante en ese momento, la Western Union, para preguntarles si estaban interesados en comprar su patente y su diminuta compañía. Pedía $100,000 por todo. El presidente de Western Union se mofó de él y declinó, argumentando que el precio era ridículo. El resto es historia. Emergió una industria multi-billonaria y nació AT&T.

Después de la historia de Alexander Graham Bell dieron las noticias de la tarde. En las noticias hablaban de otra reducción de personal en una compañía de la zona. Los obreros estaban indignados y protestaban que los propietarios de la compañía eran injustos. Un gerente al que habían despedido de unos 45 años estaba con su esposa y dos bebés en la fábrica e imploraba a los guardias que le dejaran hablar con los propietarios para que reconsideraran su despido. Se había comprado una casa y tenía miedo de perderla. La cámara enfocó su suplica para que la viera todo el mundo. Inútil decir, captó mi atención.

Llevo enseñando profesionalmente desde 1984. Ha sido una gran experiencia con muchas recompensas. También es una profesión perturbadora, porque he enseñado a miles de personas y veo que todos tiene algo en común, incluido yo mismo. Todos tenemos un tremendo potencial, y todos hemos sido bendecidos con dones. Pero lo que nos detiene es la falta de confianza en nosotros mismos. No es la falta de información técnica lo que nos detiene, sino la falta de confianza en sí mismos. Esto afecta a unos más que a otros.

Cuando terminamos la escuela, la mayoría sabemos que lo que cuenta no son ni los títulos ni las buenas notas. En el mundo real lejos del académico, se necesita algo más que buenas notas. He oído llamarle "tener agallas", "cara", "pelotas", "audacia", "valentía", "destreza", "atrevimiento", "tenacidad" y "brillantez". Esta característica, como se le quiera llamar, determina el futuro de uno mucho más que las notas escolares.

Dentro nuestro tenemos uno de esto inteligentes y atrevidos personajes. También está el opuesto de este carácter: personas que pueden ponerse de rodillas y rogar si es necesario. Después de pasar un año en Vietnam como piloto de los Marines, llegue a conocer íntimamente a estos dos personajes dentro mío. Uno no es mejor que el otro.

Como maestro identifiqué que el miedo excesivo y la falta de confianza en uno mismo son los mayores detractores del intelecto personal. Me acongojaba ver que los estudiantes sabían las respuestas, pero les faltaba el valor para actuar. A menudo en el mundo real, no es el inteligente quien triunfa sino el atrevido.

En mi experiencia personal, su preparación financiera precisa tanto de conocimientos técnicos como de valentía. Si el miedo es demasiado fuerte, se suprime el talento.

En mis clases insisto en que los estudiantes aprendan a arriesgarse, a ser intrépidos, que dejen a su genio transformar su miedo en poder y brillantez. Funciona para algunos y aterra a otros. He llegado a comprender que la mayoría de las personas, en lo que respecta al dinero, prefieren jugar sobre seguro. He tenido que lidiar con preguntas como: "¿Por qué tomar riesgos?", "¿Por qué debo molestarme desarrollando mi inteligencia financiera?", "¿Por qué debo educarme financieramente?"

Y contesto: "Sólo para tener más opciones".

Hay enormes cambios en el futuro. Así como comencé con la historia del joven inventor Alexander Graham Bell, en los próximos años habrá muchas más personas como él. Habrá cientos de personas como Bill Gates y compañías del éxito de Microsoft creadas todos los años, por todo el mundo. Y habrá también muchas más quiebras, despidos y reducciones de personal.

Así que, ¿por qué molestarse en desarrollar su inteligencia financiera? El único que puede contestar es usted. Sin embargo, puedo decirle por qué lo hago yo. Lo hago porque es la época más excitante para vivir. Prefiero dar la bienvenida al cambio que temer el cambio. Me entusiasmaría más ganar millones que preocuparme por no conseguir un aumento de sueldo. Esta época que nos ha tocado vivir es la más apasionante e insólita en la historia del mundo. Las futuras generaciones mirarán esta época y comentarán lo apasionante que debía haber sido. Es la muerte de lo viejo y la creación de lo nuevo. Es tumultuosa e interesante.

Entonces, ¿por qué molestarse en desarrollar su inteligencia financiera? Porque si lo hace, prosperará. Y si no lo hace, esta época será una de miedo. Será una época para observar a personas avanzar audazmente y a otras aferrarse a formas de vida anticuadas.

Hace 300 años, la tierra significaba riqueza. Los que tenían la tierra poseían la riqueza. Después fueron las fábricas y la producción, y Estados Unidos era la fuerza dominante. El industrial ostentaba la riqueza. Hoy en día, es la información. El que tiene la información más precisa tiene la riqueza. El problema es que la información pasa por el mundo a la velocidad de la luz. A las nuevas fortunas no las pueden sujetar ni los límites, ni las fronteras como sucedía con las tierras y las fábricas. Los cambios serán más rápidos y dramáticos. Habrá un aumento sustancial en el número de nuevos multimillonarios. También estarán los que se queden atrás.

Hoy observo a tantos que luchan, trabajando cada vez más, sencillamente porque se aferran a viejas ideas. Quieren que las cosas sean como antes; se resisten al cambio. Conozco gente que está perdiendo su trabajo o su casa, y que culpa a la tecnología, a la economía o a su jefe. Desgraciadamente no comprenden que el problema son ellos. Las viejas ideas son su mayor detrimento. Detrimento porque no comprende que aunque esa idea o manera de proceder ayer era una ventaja, hoy se terminó.

Una tarde estaba enseñando a invertir usando un juego de salón que había inventado, llamado *CASHFLOW,* como herramienta de instrucción. Un amigo había traído a alguien para asistir a la clase. Esta amiga de mi amigo se había divorciado recientemente, casi se había arruinado con el divorcio, y ahora buscaba una respuesta. Su amigo pensó que la clase podría ayudarla.

El juego se diseñó para que la gente comprenda cómo actúa el dinero. Quienes participan en el juego aprenden la correlación entre la declaración de renta y el balance de situación. Aprenden cómo fluye el dinero entre estos y cómo el camino a la prosperidad se logra esforzándose por aumentar el flujo del dinero mensual de la columna de activos hasta que supere sus gastos mensuales. Una vez logra esto, puede salir de la carrera de la rata hacia la "vía rápida".

Como ya indiqué, algunos odian el juego, a otros les gusta y a otros se les escapa su significado. Esta mujer perdió una valiosa oportunidad de aprender algo. En la ronda de apertura, sacó una carta con el dibujo de un barco. Al principio estaba contenta. "Oh, tengo un barco". Después, cuando su amigo intentó explicarle cómo los números trabajan en la declaración de renta y el balance de situación, se sintió frustrada porque "nunca le habían gustado las matemáticas". El resto de su mesa esperó mientras su amigo le explicaba la relación entre la declaración de renta y el balance de situación y el flujo de dinero mensual. De repente, cuando comprendió cómo funcionan los números, se percató de que su barco se la estaba comiendo viva. Más tarde durante el juego, también le redujeron su personal y además tuvo un hijo. Para ella el juego fue horrible.

Después de la clase vino su amigo y me dijo que estaba disgustada. Había venido a la clase para aprender a invertir y no le gustó la idea de perder tanto tiempo jugando a algo tan tonto.

Su amigo intentó explicarle que se mirara por dentro para ver si el juego "reflejaba" su forma de ser. Con esa sugerencia, la mujer exigió la devolución de su dinero. Dijo que la idea que un juego pudiera ser un reflejo de ella era ridícula. Se le devolvió rápidamente el dinero y se marchó.

Desde 1984, he ganado muchos millones haciendo únicamente lo que no hace el sistema escolar. En la escuela, la mayoría de los maestros daban conferencias. De estudiante odiaba las conferencias; me aburría pronto y me ponía a soñar.

En 1984, empecé a enseñar por medio de juegos y simulacros. Siempre ánimé a los estudiantes y adultos a ver los juegos como un reflejo de lo que saben y de lo que necesitan aprender. Sobre todo, un juego refleja la conducta de uno. Es un sistema de auto-información instantánea. En lugar del maestro dándole una charla, el juego le proporciona una conferencia personalizada, hecha justo a su medida.

El amigo de la mujer que se fue me llamó más tarde para ponerme al tanto. Me dijo que su amiga estaba bien y que se había tranquilizado. Cuando se calmó, pudo ver que había una relación entre el juego y su vida.

Aunque ella y su marido no tenían un barco, tenían todo lo demás imaginable. Estaba muy enfadada después de su divorcio porque su marido se había ido con una mujer mucho más joven y porque después de veinte años de matrimonio habían acumulado muy pocos activos. No había casi nada para repartir. Se habían divertido mucho durante sus veinte años de matrimonio, pero todo lo que habían acumulado eran un montón de chucherías.

Comprendió que su enojo al hacer los números de la declaración de renta y el balance de situación provenía de su vergüenza al no comprenderlos. Había creído que las finanzas eran cosa de hombres. Se ocupó de su hogar y de las fiestas y dejó que él se ocupara de las finanzas. Ahora estaba bastante segura que en los últimos cinco años de su matrimonio, su marido le había ocultado el dinero. Estaba enfadada consigo misma por no haber estado consciente de dónde iba el dinero y por no saber lo de la otra mujer.

Como un juego de salón, el mundo siempre nos proporciona información instantánea. Podríamos aprender mucho si prestáramos más atención. Un día, no hace tiempo, me quejé a mi esposa diciéndole que me habían encogido los pantalones en el lavado en seco. Mi esposa se sonrió y me palmeó el estómago informándome que los pantalones no habían encogido, ¡sino que algo se había expandido!

El juego *CASHFLOW* fue diseñado para proporcionar a cada jugador información personalizada. Su propósito es darle opciones. Si saca la carta del barco y se mete en deudas, la pregunta es: "¿Qué puede hacer?" "¿A cuántas opciones financieras puede recurrir?" Ése es el propósito del juego: enseñar a los jugadores a pensar y crear nuevas y variadas opciones financieras.

He observado a más de 1,000 personas jugarlo. Las personas que salen antes de la carrera de la rata son las que entienden los números y tienen una mente financiera creativa. Saben reconocer las diferentes opciones financieras. Las personas que tardan más en salir son las que no están familiarizadas con los números y realmente no entienden el poder de invertir. Los ricos son a menudo creativos y toman riesgos calculados.

Han habido personas que han ganado mucho dinero jugando *CASHFLOW,* pero no saben qué hacer con él. La mayoría de ellos tampoco han tenido éxito financiero en la vida real. Parece que todos les sacan ventaja a pesar de que tienen dinero. Y así es en la vida real. Hay muchas personas que tienen mucho dinero y no consiguen salir adelante financieramente.

Limitar sus opciones es lo mismo que aferrarse a las viejas ideas. Tengo un amigo de la escuela secundaria que ahora tiene tres trabajos. Hace veinte años, él era quien más dinero tenía de todos mis compañeros de clase. Cuando cerró la plantación de azúcar de mi pueblo, la compañía para la que trabajaba se vino abajo con la plantación. Pero pensaba que sólo tenía una opción, era la vieja opción: trabajar más. El problema fue que no encontraba un trabajo parecido donde le reconocieran la antigüedad de su antiguo empleo. Como resultado, está demasiado preparado para sus actuales trabajos y cobra menos. Ahora le hacen falta tres trabajos para ganar lo suficiente para subsistir.

He observado que algunos que juegan *CASHFLOW* se quejan poque nunca les tocan las cartas de las oportunidades. Y se quedan ahí sentados. Conozco personas que hacen eso en la vida real. Se quedan esperando que les llegue la oportunidad "idónea".

He visto como algunos conseguían las cartas precisas de la oportunidad y no tenían suficiente dinero. Entonces se quejaban diciendo que habrían conseguido salir de la carrera de la rata si hubieran tenido más dinero. Y se quedan ahí sentados. Conozco personas en la vida real que hacen eso. Ven las grandes oportunidades pero no tienen dinero.

Y hay personas que sacan la mejor carta de la oportunidad, la leen en voz alta y no tienen ni idea de que es una gran oportunidad. Tienen el dinero, es el momento idóneo, tienen la carta, pero no pueden ver la oportunidad que tienen delante. No ven cómo encaja dentro de su plan financiero para escapar de la carrera de la rata. Y conozco a más de estos que al resto puestos juntos. La mayoría de las personas tiene la gran oportunidad de sus vidas justo delante de ellos y no la ven. Un año más tarde se enteran de que todos los demás se hicieron ricos.

La inteligencia financiera es, sencillamente, tener más opciones. Si no le llegan las oportunidades, ¿qué puede hacer para mejorar su posición financiera? Si una oportunidad aterriza en su falda, y no tiene dinero, y el banco no quiere atenderlo, ¿qué puede hacer para conseguir que esa oportunidad lo beneficie? Si su corazonada es errónea y no ocurrió lo que esperaba, ¿cómo puede convertir un limón en millones? Eso es inteligencia financiera. No depende de lo que pasa, sino de cuántas soluciones financieras diferentes se le ocurren para convertir el limón en millones. Es cuan creativo es resolviendo problemas financieros.

La mayoría de las personas sólo conocen una solución: trabajar duro, ahorrar y pedir un préstamo.

¿Para qué aumentar su inteligencia financiera?

Tome lo que venga y mejórelo. Muy pocos comprenden que uno crea su propia suerte. Es como el dinero. Si quiere tener suerte y crear dinero en lugar de trabajar duro, la inteligencia financiera es importante. Si es el tipo de persona que espera a que se presente la oportunidad, puede esperar mucho tiempo. Es como esperar a que todos los semáforos se pongan verdes en cinco millas antes de empezar el viaje.

De jóvenes, mi papá rico nos repetía constantemente a Mike y a mí que el "dinero no es real". El papá rico nos recordaba lo cerca que habíamos estado del secreto del dinero ese día que nos juntamos y empezamos a "hacer dinero" de yeso. "Los pobres y la clase media trabajan por dinero", diría. "Los ricos hacen el dinero. Cuanto más real piensen que es el dinero más trabajarán para conseguirlo. Si captan la idea de que el dinero no es real, se harán ricos más rápidamente".

—¿Entonces qué es? —preguntábamos a menudo—. ¿Qué es el dinero si no es real?

—Lo que acordemos que es —era todo lo que decía el papá rico.

El activo más poderoso que tenemos es nuestra mente. Si está bien preparada puede crear una riqueza enorme en casi un instante. Una riqueza superior a las que soñaban los reyes y las reinas hace 300 años. Pero una mente inexperta también puede crear mucha pobreza que perdura, con la enseñanza, por generaciones.

En la Edad de la Información, el dinero está aumentando exponencialmente. Algunas personas se están haciendo increíblemente ricas con nada, sólo con ideas y acuerdos. Si preguntan a los que se dedican a transar acciones u otras inversiones para vivir, ven esto todo el tiempo. A menudo, se pueden obtener millones instantáneamente sin hacer nada. Y sin hacer nada quiere decir que no se intercambia dinero. Se hace mediante acuerdos: una señal con la mano en un puesto de operaciones; un bip en la pantalla de un agente de bolsa en Lisboa de la pantalla de un agente en Toronto y de vuelta a Lisboa; una llamada a un agente para comprar ahora y vender más tarde. El dinero no cambió de manos. Los hicieron los acuerdos.

Entonces, ¿por qué desarrollar su talento financiero? Sólo usted puede contestar eso. Le puedo decir por qué he desarrollado esta parte de mi inteligencia. Lo hago porque quiero ganar dinero rápidamente. No porque lo necesite sino porque quiero. Es un proceso de aprendizaje fascinante. Desarrollo mi IQ financiero porque quiero participar en el juego más rápido y más grande del mundo. Y a mi modesta manera, me gustaría formar parte de esta inaudita evolución de la humanidad, la era dónde los humanos trabajan, estrictamente con sus mentes y no con sus cuerpos. Además, es donde está la acción. Es lo que está pasando. Está de moda. Asusta. Y es divertido.

Por eso invierto en mi inteligencia financiera mientras desarrollo el activo más poderoso que tengo. Quiero estar con las personas que progresan. No quiero quedarme con los que están detrás.

Les daré un ejemplo sencillo de cómo crear dinero. A principios de los noventa, la situación económica de Phoenix era terrible. Un día estaba viendo en televisión el programa de *Good Morning, America* cuando un asesor empezó a pronosticar serias dificultades. Su consejo era "ahorre dinero". Guarde $100 todos los meses, dijo, y en 40 años será multimillonario.

Bien, ahorrar dinero todos los meses es una idea válida. Es una opción, la opción suscrita por la mayoría de las personas. El problema es este: ofusca a la persona de lo que está pasando verdaderamente. Pierden mejores oportunidades para hacer crecer mucho más su dinero. El mundo les está pasando por delante.

Como dije, la economía iba muy mal en ese momento. Para los inversores, ese es el mercado perfecto. Tenía una buena parte de mi dinero invertido en la bolsa y en edificios de apartamentos. Tenía poco dinero en efectivo. Como todos estaban regalando material, yo estaba comprando. No estaba ahorrando; estaba invirtiendo. Mi esposa y yo teníamos más de un millón de dólares en efectivo trabajando en un mercado de rápido crecimiento. Era la mejor oportunidad para invertir. La economía estaba fatal. Pero no podía dejar pasar estas pequeñas transacciones.

Casas que una vez costaban $100,000 costaban ahora $75,000. Pero en lugar de ir de compras a la oficina de propiedades más próxima, empecé a ir de compras a la oficina del abogado especializado en bancarrotas, o a las escaleras de los juzgados. En estas tiendas, una casa de $75,000 podía a veces comprarse por $20,000 o menos. Por $2,000 que me prestó un amigo por 90 días por $200, entregue un cheque al abogado como seña. Mientras se organizaba la compra, puse un anuncio en el periódico ofreciendo una casa de $75,000 por sólo $60,000 sin entrega de dinero. El teléfono no paró de sonar. Se investigaba a los compradores potenciales y cuando la propiedad fue mía legalmente se les permitió ver la casa. La casa se vendió en unos minutos. Solicité $2,500 como cuota de tramitación, que entregaron sin chistar, y a partir de ahí se ocuparon las casa de depósitos y de escrituras. Devolví los $2,000 a mi amigo con $200 más. Él estaba contento, el comprador de la casa estaba contento, el abogado estaba contento, y yo estaba contento. Había vendido una casa por $60,000 que me había costado $20,000. Los $40,000 fueron creados en mi columna de activos por medio de un pagaré del comprador. Tiempo total de trabajo: cinco horas.

Ahora que tiene preparación financiera y entiende de números, le mostraré por qué éste es un ejemplo de dinero inventado.

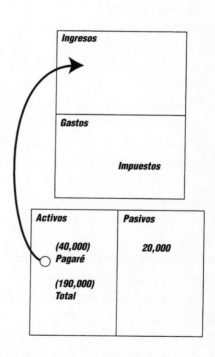

$40,000 creado en la columna de activos— dinero inventado que no paga impuestos— al 10% de interés, ha creado $4,000 al año en flujo de dinero

Durante este bajón económico, mi esposa y yo hicimos seis de estas sencillas transacciones en nuestro tiempo libre. Aunque la mayor parte de nuestro dinero estaba en propiedades mayores y en la Bolsa, pudimos crear más de $190,000 en activos (las notas al 10 por ciento de interés) en esas seis operaciones de comprar, crear y vender. Eso significa aproximadamente $19,000 de ingresos anuales, gran parte amparada por nuestra corporación privada. Muchos de esos $19,000 anuales se destinaban a pagar los automóviles de la compañía, la gasolina, los viajes, el seguro, las cenas con los clientes y otras cosas. Cuando le llega al gobierno la oportunidad de gravar ese ingreso, ya se ha empleado en gastos legalmente permitidos antes de impuestos.

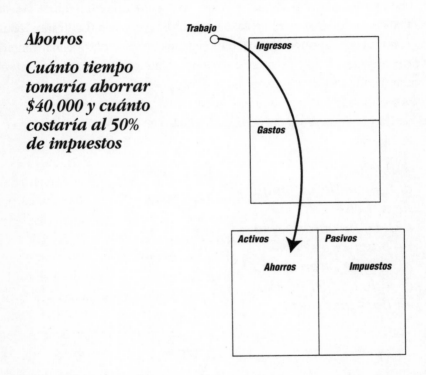

Ahorros

Cuánto tiempo tomaría ahorrar $40,000 y cuánto costaría al 50% de impuestos

Éste es un ejemplo fácil de cómo se inventa, crea y protege el dinero utilizando inteligencia financiera.

Pregúntese cuánto tardaría en ahorrar $190,000. ¿Le pagaría el banco el 10% de interés por su dinero? Y el pagaré dura 30 años. Espero que nunca me paguen los $190,000. Tendría que pagar impuestos si me pagaran capital de la deuda y además, $19,000 por 30 años es un poco mas de $500,000 en ingresos.

Hay personas que me preguntan qué pasa si la persona no paga. Eso pasa, y es una buena nueva. El mercado de bienes raíces de Phoenix, de 1994 a 1997, ha sido uno de los más atractivos del país. La casa de $60,000 se devolvería y se re-vendería a $70,000, y se reunirían otros $2,500 de cuota de tramitación del préstamo. Aún así, sería una transacción sin señal en efectivo en la mente del nuevo comprador. Y el proceso seguiría.

Si usted es rápido, la primera vez que vendí la casa, devolví los $2,000. Técnicamente no puse dinero en la transacción. Mi retorno sobre la inversión es infinito. Es un ejemplo de ningún dinero ganando mucho dinero.

En la segunda transacción, cuando la vendí de nuevo, habría puesto $2,000 en mi bolsillo, extendiendo nuevamente el préstamo a 30 años. ¿Cuál sería mi retorno sobre la inversión si me pagaran dinero por ganar dinero? No sé, pero seguro que es mejor que ahorrar $100 mensuales que realmente empieza como $150 porque es ingreso después de impuestos durante 40 años a las 5 por ciento, y de nuevo usted se impone contribuciones en los 5 el por ciento. Eso no es demasiado inteligente. Puede estar seguro, pero no es inteligente.

Hoy, en 1997 cuando escribo este libro, las condiciones del mercado son exactamente las opuestas a hace cinco años. El mercado de bienes raíces de Phoenix es la envidia de Estados Unidos. Las casas que vendimos por $60,000 valen ahora $110,000. Todavía se encuentran disponibles casas embargadas, pero salir a buscarlas requiere un valioso activo, mi tiempo. Pero hay pocas. Hoy hay miles de compradores buscando estas oportunidades y pocas disponibles que tengan sentido financiero. El mercado ha cambiado. Es hora de buscar otras oportunidades para poner en la columna de activos.

"No puede hacer eso aquí", "Es contra la ley". "Está mintiendo". Oigo estos comentarios más a menudo que "¿Me puede mostrar cómo hacerlo?"

La matemática es simple. No hace falta álgebra o cálculo. No escribo mucho porque la compañía de deposito legal de documentos se ocupa de la transacción legal y del servicio de los pagos. No tengo que arreglar ningún tejado, o retrete, o enchufe porque los dueños hacen eso. Es su casa. De vez en cuando alguien no paga. Y es maravilloso porque hay cuotas por retraso, o se van y la propiedad se vende de nuevo. El sistema judicial se ocupa de eso.

Pero puede que no funcione en su zona. Las condiciones del mercado pueden ser diferentes. Pero el ejemplo ilustra cómo un sencillo proceso financiero puede crear cientos de miles de dólares, con poco dinero y bajo

riesgo. Es un ejemplo de dinero que es sólo un acuerdo. Cualquiera con educación escolar puede hacerlo.

Aun así, la mayoría de las personas no quieren. La mayoría escucha el
consejo habitual de "trabaje duro y ahorre dinero".

Por unas 30 horas de trabajo, se crearon en la columna de activos aproximadamente $190,000 sin pagar impuestos.

¿Cuál le parece más difícil?

1. Trabaje duro, pague 50 por ciento en impuestos, ahorre lo que le
   queda. Sus ahorros ganan el 5 por ciento, que también se grava.

O:

2. Tome el tiempo para desarrollar su inteligencia financiera y aproveche
   el poder de su cerebro y la columna de activos.

Añada a lo anterior el tiempo que tarda, siendo el tiempo uno de nuestros mayores activos, para ahorrar $190,000 si utilizó la opción No. 1.

Ahora entenderá por qué desapruebo en silencio cuando oigo a padres
decir: "A mi hijo le va bien en el colegio y está recibiendo una buena educación". ¿Puede ser buena, pero es conveniente?

Sé que la anterior estrategia de inversión es modesta. Es para ilustrar
cómo algo pequeño puede hacerse grande. De nuevo, mi éxito refleja la importancia de una fundación financiera fuerte que empieza con una educación financiera fuerte. Lo he dicho antes, pero vale la pena repetirlo — la
inteligencia financiera se compone principalmente de estas cuatro habilidades técnicas:

1. La alfabetización financiera. La habilidad de entender los números.
2. Las estrategias de inversión. La ciencia del dinero ganando dinero.
3. El mercado. La oferta y la demanda. Alexander Graham Bell dio al
   mercado lo que pedía. Lo mismo hizo Bill Gates. Una casa de $75,000
   casa ofertada por $60,000 que costó $20,000 también es el resultado
   de aprovechar una oportunidad creada por el mercado. Alguien estaba comprando, y alguien estaba vendiendo.
4. La ley. El conocimiento de contabilidad, normas y regulaciones de
   sociedades, nacionales y estatales. Recomiendo actuar legalmente.

Es esta base imprescindible, o la combinación de estas aptitudes, lo necesario para alcanzar el éxito en la persecución de la prosperidad, ya sea comprando casas pequeñas, apartamentos grandes, compañías, acciones, bonos, fondos de inversión, metales preciosos, tarjetas de béisbol o lo que prefiera.

Por 1996, el mercado de bienes raíces había despuntado y todo el mundo quería participar. La bolsa de valores estaba subiendo y todos querían participar. La economía estadounidense levantaba vuelo. Empecé a vender en 1996 y a viajar a Perú, Noruega, Malasia y Filipinas. Las inversiones habían cambiado. Estábamos al margen del mercado de propiedad, respecto a compras. Ahora me dedico a ver subir el valor dentro de mi columna de activos y empezaré a vender probablemente este año. Depende de algunos cambios en la ley que puede aprobar el Congreso. Sospecho que algunos de esos seis negocios con las casas pequeñas se empezarán a vender y la nota $40,000 se convertirá en efectivo. Necesito consultar con mi contador para estar listo para el efectivo y buscar maneras de protegerlo.

El punto que me gustaría resaltar es que las inversiones vienen y van, el mercado sube y baja, las economías mejoran y empeoran. El mundo ofrece constantemente grandes oportunidades todos los días de nuestra vida, pero frecuentemente no las vemos. Pero están ahí. Y cuanto más cambien el mundo y la tecnología, más oportunidades habrá que le permitirán a usted y a su familia afianzarse financieramente por generaciones venideras.

Entonces, ¿por qué molestarse en desarrollar su inteligencia financiera? De nuevo, sólo usted puede contestarlo. Yo sé por qué continúo aprendiendo y creciendo. Lo hago porque sé que se acercan cambios. Prefiero darle la bienvenida al cambio que aferrarme al pasado. Sé que habrá auges y caídas en el mercado. Quiero desarrollar continuamente mi inteligencia financiera porque con cada cambio del mercado habrá personas de rodillas implorando por sus trabajos. Otros, entretanto, tomarán los limones que les dé la vida— y todos hemos recibido limones de vez en cuando — y los convertirán en millones. Ésa es la inteligencia financiera.

A menudo me preguntan por los limones que convertí en millones. En plan personal, dudo si debo dar más ejemplos de inversiones personales. Dudo porque temo que se piense que estoy presumiendo o vanagloriándome. Ésa no es mi intención. Sólo uso los ejemplos como ilustraciones numéricas y cronológicas de casos auténticos y sencillos. Uso los ejemplos porque quiero que sepa que es fácil. Es más fácil cuanto más familiarizado está con los cuatro pilares de la inteligencia financiera.

Personalmente, uso principalmente dos vehículos para lograr el crecimiento financiero: propiedades y pequeños valores. Uso los bienes raíces como cimientos. Todos los días, mis propiedades me proporcionan el flujo de dinero y esporádicamente un crecimiento del valor. Las acciones de poco costo se usan para crecer rápidamente.

No recomiendo nada de lo que hago. Los ejemplos son eso, ejemplos. Si la oportunidad es demasiado compleja y no entiendo la inversión, la dejo pasar. La matemática simple y el sentido común es todo lo que se necesita para mejorar financieramente.

Hay cinco razones para usar los ejemplos.

1. Para inspirar a las personas a aprender más.
2. Para transmitir a las personas que es fácil si la base es fuerte.
3. Para mostrar que cualquiera puede lograr una gran fortuna.
4. Para mostrar que hay millones de maneras de alcanzar sus metas.
5. Para mostrar que no es ninguna ciencia nuclear.

En 1989 corría por un encantador barrio de Portland, Oregon. Era un barrio en las afueras, con casas como de juguete. Eran pequeñas y preciosas. Casi esperaba ver a Caperucita Roja saltando por la acera para visitar a su abuelita.

Por todas partes había carteles de "se vende". El mercado de madera estaba muy mal, la bolsa de valores había bajado y la economía estaba deprimida. En una calle observé un cartel de se vende que llevaba mucho más tiempo que los demás. Parecía viejo. Un día corriendo por delante, me encontré con el dueño qué parecía tener problemas.

—¿Cuánto pide por su casa? —pregunté.

El dueño se volvió y me sonrió. —Hágame una oferta — dijo—. Lleva a la venta más de un año. Incluso nadie viene ya a verla.

"La miraré", dije, y media hora más tarde había comprado la casa por $20,000 menos del precio inicial.

Era una casa diminuta y graciosa de dos dormitorios — con remate de madera en todas las ventanas. Era azul claro con acentos en gris y había sido construida en 1930. Dentro había una preciosa chimenea de piedra y dos diminutos dormitorios. Era la casa perfecta para alquilar.

Le di al dueño una seña de $5,000 por una casa de $45,000 que realmente valía $65,000, pero que nadie quería comprar. El dueño se mudó la semana siguiente, feliz de habérsela quitado de encima, y se instaló mi primer inquilino, un profesor de la universidad local. Después de pagar la hipoteca, los gastos y la cuota de manejo metía en mis bolsillos menos de $40 a fin de mes. Nada estimulante.

Un año después, el deprimido mercado de bienes raíces de Oregon empezó a subir. Los inversionistas de California, repletos de dinero de su todavía elevado mercado inmobiliario, se mudaban al norte y compraban propiedades en Oregon y Washington.

Vendí esa pequeña casa a una pareja joven de California por $95,000 que pensaron que era una ganga. Mis ganancias de casi $40,000 las invertí en un 1031, plan de impuesto diferido, y fui de compras a buscar dónde invertir mi dinero. En aproximadamente un mes encontré un edificio de 12 apartamentos justo al lado de la fábrica de Intel en Beaverton, Oregon. Los dueños vivían en Alemania, no tenían idea de lo que valía la propiedad y, de nuevo, sólo querían quitársela de encima. Les ofrecí $275,000 por un edifico que valía $450,000. Aceptaron $300,000. Lo compré y lo mantuve dos años. Utilizando el mismo proceso del intercambio 1031, vendimos el edificio por $495,000 y compramos un edificio de 30 apartamentos en Phoenix, Arizona. Por aquél entonces nos habíamos mudado a Phoenix huyendo de la lluvia y necesitábamos vender. Como anteriormente en Oregon, el mercado de bienes raíces en Phoenix estaba deprimido. El precio del apartamento de 30 unidades en Phoenix costaba $875,000, con $225,000 de depósito. El flujo de dinero en efectivo de las 30 unidades era bajo unos $5,000 mensuales. El mercado de Arizona empezó a subir y, en 1996, un inversionista de Colorado nos ofreció $1.2 millón por la propiedad.

Mi esposa y yo consideramos la venta, pero decidimos esperar para ver si el Congreso aprobaba la ley de la plusvalía. Si cambiaba, sospechábamos que la propiedad subiría de un 15 a un 20 por ciento adicional. Además, los $5,000 mensuales nos proporcionaban un flujo de efectivo aceptable.

El propósito de este ejemplo es cómo una pequeña cantidad puede convertirse en una grande. De nuevo, es cuestión de comprender estados de cuenta, las estrategias de inversión, conocimientos de mercado y derecho. Si las personas no saben nada de esto, entonces obviamente deben seguir la norma habitual que es jugar seguro, diversificar y sólo invertir en algo seguro.

El problema con las inversiones "seguras" es que a menudo se han saneado. Es decir, son tan seguras que las ganancias son mínimas.

Las grandes casas de inversión no tocan transacciones especulativas para protegerse a sí mismos y a sus clientes. Es una política prudente.

Los grandes negocios no se ofrecen a los novatos. A menudo, las grandes oportunidades que hacen al rico aún más rico se reserva para aquellos que entienden el juego. Es técnicamente ilegal ofrecer a alguien no "sofisticado" tratos especulativos, pero claro, eso pasa.

Cuanto más "sofisticado" me vuelvo, más oportunidades se me presentan. Otra ventaja de desarrollar su inteligencia financiera de por vida es, sencillamente, que se presentan más oportunidades. Y cuanto mayor su inteligencia financiera, más fácil es identificar una oportunidad. Es su inteligencia la que distingue una oportunidad buena de una mala y hace que la mala se convierta en buena. Cuanto más sé —y todavía tengo mucho que aprender— más gano, porque con los años adquiero experiencia y sabiduría. Tengo amigos que juegan seguro y trabajan duro en su profesión, sin embargo no adquieren sabiduría financiera que lleva tiempo desarrollar.

Mi filosofía global es plantar semillas dentro de mi columna de activos. Esa es mi fórmula. Empiezo poco a poco plantando las semillas. Algunas crecen, otras no.

En nuestra empresa inmobiliaria tenemos varios millones de dólares en propiedades. Es nuestro propio REIT, fundación de inversión de bienes raíces.

Lo que quiero decir es que casi todos esos millones empezaron con pequeñas inversiones de $5,000 a $10,000. Todos esos depósitos sirvieron para beneficiarme de un mercado en rápido crecimiento, aumentar la exención de impuestos y negociar con ellos durante varios años.

También tenemos una cartera de inversiones, en una corporación que mi esposa y yo denominamos nuestro fondo de inversiones. Tenemos amigos que trabajan específicamente con inversionistas como nosotros que disponemos de dinero extra para invertir mensualmente. Compramos compañías privadas especulativas de alto riesgo en los Estados Unidos o Canadá que todavía no han salido a bolsa.

Un ejemplo de cómo pueden obtenerse ganancias rápidamente es comprar 100,000 acciones por 25 centavos la unidad antes de que la compañía salga a bolsa. Seis meses más tarde, cuando se lista la compañía, las 100,000 acciones valen $2 cada una. Si es una empresa bien gestionada, el precio continúa subiendo y la acción puede llegar a $20 o más. Han habido años en que esos $25,000 se convirtieron en un millón en menos de un año.

No es arriesgado si sabe lo que está haciendo. Es arriesgado si está metiendo el dinero en un negocio y rezando. La idea es utilizar sus conocimientos técnicos, sabiduría y amor del juego para mejorar las probabilidades y reducir el riesgo. Claro que siempre hay un riesgo. Es la inteligencia financiera lo que mejora las probabilidades. Entonces, lo que es arriesgado para unos lo es menos para otros. Esa es la principal razón por la que siempre animo a la gente a invertir más en su preparación financiera que en acciones, bienes raíces u otros mercados. Cuanto más listo sea, más posibilidad tendrá de mejorar sus probabilidades.

Las operaciones bursátiles en las que personalmente invierto son muy arriesgadas y no se las recomiendo a nadie. Llevo en este juego desde 1979 y he pagado con creces mi deuda. Pero si estudia por qué inversiones como éstas son de alto riesgo para la mayoría de la gente, puede que su vida cambie y que convertir $25,000 en $1 millón en un año no sea arriesgado para usted.

Como dije antes, nada de lo que escribo es una recomendación. Es sólo un ejemplo de algo sencillo y factible. Lo que hago es minúsculo en el orden de las cosas, pero para el ciudadano medio un ingreso pasivo de $100,000 al año es bueno y alcanzable. Dependiendo del mercado, y lo listo que sea, se puede lograr en cinco o diez años. Si controla sus gastos diarios, $100,000 extras no vienen mal, trabaje o no trabaje. Puede trabajar si quiere o irse de vacaciones si lo prefiere y usar el sistema fiscal gubernamental a su favor en lugar de en su contra.

Mi base son las propiedades. Me gustan los bienes raíces porque son estables y se revalorizan lentamente. Mantengo la base sólida. El flujo de dinero es constante y, bien administrado, tiene buenas posibilidades de aumentar de valor. Lo bueno de una base sólida de bienes raíces es que me permite ser más atrevido con las acciones especulativas que compro.

Si no hay grandes ganancias en la bolsa de valores, pago mi impuesto sobre la plusvalía y reinvierto el resto en propiedades afianzando mi base de activos.

Una última cosa sobre propiedades. He viajado por todo el mundo enseñando a invertir. En todas partes oigo a la gente quejarse de que no encuentran propiedades asequibles. Ésa no ha sido mi experiencia. Incluso en Nueva

York o Tokio, o en las afueras existen verdaderas gangas que pasan por alto por la mayoría. En Singapur, con una tendencia alcista de los bienes raíces, en la periferia todavía se encuentran oportunidades. Así que cuando oigo a alguien decir, "Aquí no puedo hacer eso", señalándome, les recuerdo que quizá deberían decir "Aquí no puedo hacer eso . . . todavía".

Las grandes oportunidades no se ven, se sienten. La mayoría de las personas no se hacen ricas porque no están financieramente preparados para reconocer las oportunidades que tienen delante.

Me preguntan a menudo: "¿Cómo empiezo?"

En el último capítulo, enumero los diez pasos que seguí buscando mi libertad financiera. Pero acuérdese de divertirse. Esto es sólo un juego. A veces se gana y a veces se aprende. Pero uno se divierte. Muchos nunca ganan porque tienen más miedo a perder. Por eso la escuela me parecía una tontería. En la escuela aprendemos que los errores son malos y nos castigan por cometerlos. Pero, si nos fijamos cómo aprenden los humanos, lo hacen cometiendo errores. Aprendemos a caminar cayéndonos. Si nunca nos cayéramos, nunca caminaríamos. Lo mismo es verdad de aprender a andar en bicicleta. Todavía tengo cicatrices en las rodillas, pero hoy ando en mi bicicleta sin pensar. Lo mismo es verdad para hacerse rico. Desgraciadamente, la razón principal por la que las personas no se hacen ricas es porque están aterrados de perder. Los triunfadores no tienen miedo de perder. Pero sí los perdedores. El fracaso es parte del proceso de éxito. Las personas que evitan el fracaso también evitan el éxito.

Comparo el dinero con mi juego de tenis. Juego fuerte, hago errores, los corrijo, cometo más errores, los corrijo y mejoro. Si pierdo la partida, corro hacia la red y doy la mano a mi oponente y con una sonrisa le digo "Hasta el próximo sábado."

Hay dos tipos de inversionistas:

1. El primero, y más común, es el que compra una inversión empaquetada. Llama a un detallista, como una compañía de bienes raíces, un agente de bolsa o un asesor financiero, y compra algo. Pueden ser fondos de inversión, una compañía de inversiones en bienes inmuebles, una acción o un bono. Es una forma clara y simple de invertir. Un ejemplo sería un comprador que va a una tienda de computadoras y compra una computadora en exposición.

2. El segundo tipo de inversionista es el que crea inversiones. Este inversionista normalmente junta un paquete de acciones, como el que compra los componentes y construye una computadora. Es como hecho a medida. No tengo ni idea de cómo montar los componentes de una computadora. Pero si sé juntar trozos de oportunidades, o conozco a los que lo hacen.

Este último tipo de inversionista es probablemente un inversionista profesional. A veces tarda años en juntar todas las partes. Y a veces nunca lo hace. Mi papá rico me animó a convertirme en este segundo tipo de inversionista. Es importante aprender a unir las partes porque es donde están los grandes triunfos, y a veces las grandes pérdidas si va en contra de la corriente.

Si quiere ser el segundo tipo de inversionista, necesita desarrollar tres habilidades básicas. Estas habilidades son adicionales a las necesarias para ser financieramente inteligente:

1. Cómo encontrar una oportunidad que no ven los demás. Usted siente lo que otros no ven. Por ejemplo, un amigo mío compró una casa decrépita. Daba pena verla. Todos nos preguntamos por qué la había comprado. Lo que había visto que nosotros no vimos era que la casa tenía cuatro plazas de estacionamiento. Se enteró de esto cuando vio el título de la propiedad. Después de comprar la casa, la tiró y vendió los cinco lotes a un constructor por el triple de lo que había pagado. Ganó $75,000 en dos meses de trabajo. No es mucho dinero, pero es más que el salario mínimo y técnicamente no es difícil.

2. Cómo juntar capital. La persona media sólo va al banco. Este segundo tipo de inversionista necesita saber cómo juntar capital, y hay muchas formas de hacerlo sin un banco. Para empezar, aprendí a comprar casas sin un banco. No eran tanto las casas, sino aprender a juntar el capital, lo que no tenía precio.

Demasiado a menudo oigo decir: "El banco no me prestará el dinero". O: "No tengo dinero para comprarlo". Si quiere ser el segundo tipo de inversionista, necesita aprender a hacer lo que detiene a la mayoría. En otras palabras, la mayoría de las personas dejan que su falta de capital los prevenga de hacer un negocio. Si puede evitar ese obstáculo, tendrá millones de ventajas sobre los que no han aprendido esas habilidades. Ha habido veces en que he comprado una casa, una acción o un edificio de apartamentos sin un penique en el banco. Una vez compré una casa de apartamentos por $1.2 millón. Lo hice a través de un contrato de intenciones entre vendedor y comprador. Junté los $100,000 del depósito, que me proporcionaron 90 días para juntar el resto del dinero. ¿Por qué lo hice? Sencillamente porque sabía que valía $2 millones. Nunca junté el capital. En cambio, la persona que puso los $100,000 me dio $50,000 por encontrarle el negocio, tomó mi lugar y me retiré. Tiempo total invertido: tres días. De nuevo, es más lo que sabe que lo que compra. Invertir no es comprar. Se trata de saber.

3. Cómo organizar a las personas inteligentes. Las personas inteligentes son las que trabajan o contratan a alguien más inteligente que ellos. Cuando necesite consejo, asegúrese de elegir a su consejero sabiamente.

Hay mucho que aprender, pero las recompensas pueden ser astronómicas. Si no quiere aprender, le recomendamos que sea el primer tipo de inversionista. Lo que sabe es su mayor riqueza. Lo que desconoce, su mayor riesgo.

Siempre hay riesgo, así que aprenda a vivir con el riesgo en lugar de evitarlo.

Trabaje para aprender—no trabaje por dinero

Capítulo Siete
Lección Seis:

Trabaje para aprender–no trabaje por dinero

En 1995 concedí una entrevista a un periódico de Singapur. La periodista, una joven reportera, llegó puntual y comenzó inmediatamente la entrevista. Estábamos sentados en la antecámara de un lujoso hotel tomando café y discutiendo el propósito de mi visita a Singapur. Iba a compartir la plataforma con Zig Ziglar. Él iba a hablar de la motivación, y yo de "los secretos de los ricos".

—Algún día, me gustaría ser un autor de éxito como usted —dijo.

Yo había leído algunos de sus artículos en el periódico y me habían impresionado. Tenía una forma precisa y clara de escribir. Sus artículos captaban el interés del lector.

—Usted tiene un gran estilo —le dije como contestación—. ¿Qué le impide lograr su sueño?

—Mi trabajo no me conduce a ninguna parte —murmuró—. Todos dicen que mis novelas son excelentes, pero no pasa nada. Así que continuo trabajando para el periódico. Por lo menos paga las facturas. ¿Tiene alguna sugerencia?

—Sí, la tengo —dije entusiasta—. Un amigo mío aquí en Singapur tiene una escuela que enseña a las personas a vender. Organiza cursos de entrenamiento de ventas para muchas de las principales corporaciones aquí en Singapur, y pienso que si asistiera a uno de sus cursos mejoraría mucho su carrera.

Se puso rígida. —¿Quiere decir que debo ir a la escuela para aprender a vender?

Asentí.

—No habla en serio ¿verdad?

De nuevo, asentí. —¿Cuál es el problema con eso? —empecé a retractarme. Se había ofendido por algo, y ahora deseaba no haber dicho nada. En mi esfuerzo por ser útil, me encontré defendiendo mi sugerencia.

—Tengo una maestría en literatura inglesa. ¿Por qué tengo que ir a la escuela para aprender a vender? Yo soy una profesional. Fui a la escuela para aprender una profesión y no acabar siendo una vendedora. Odio a los vendedores. Lo único que quieren es hacer dinero. Así que dígame: ¿por qué debo estudiar para vender? Empezó a meter los papeles en su portadocumentos con determinación. La entrevista había terminado.

En la mesa de café había una copia de un *best-seller* que había escrito hacia tiempo. Lo cogí así como las notas que había apuntado en su block. —¿Ve esto? —dije señalando sus notas.

Miró hacia abajo a sus notas. —¿Cómo? —respondió desconcertada.

De nuevo, apunté deliberadamente a sus notas. En su bloc había escrito "Robert Kiyosaki, autor de *best-sellers*.

—Dice "autor de *best-sellers*", no "el mejor autor".

Abrió sus ojos de par en par.

—Soy un mal escritor. Usted es una gran escritora. Asistí a una escuela de ventas. Usted tiene una maestría. Júntelos y consiga un "autor de *best-sellers*" y un "buen escritor".

Sus ojos emitían rabia. —Nunca caeré tan bajo como para aprender a vender. Alguien como usted no tiene derecho a escribir. Yo soy una escritora profesional, usted es un vendedor. No es justo.

Guardó el resto de sus notas y salió apresuradamente a través de las puertas de cristal a la mañana húmeda de Singapur.

Por lo menos me hizo una crónica justa y favorable la siguiente mañana.

El mundo está lleno de personas instruidas, talentosas, educadas y dotadas. Nos los encontramos todos los días. Están a nuestro alrededor.

Hace unos días, mi automóvil no funcionaba bien. Lo llevé a un garage y al rato un joven mecánico me lo tenía arreglado. Sabía lo que andaba mal sólo con escuchar el motor. Me quedé asombrado.

La triste verdad es que tener un gran talento no es bastante.

Me asusta constantemente lo poco que ganan las personas talentosas. El otro día escuché que menos del cinco por ciento de los americanos ganan más de $100,000 anuales. He encontrado a personas inteligentes y muy educadas que ganan menos de $20,000 anuales. Un asesor de negocios especializado en medicina me decía cuántos doctores, dentistas y quiroprácticos tienen problemas económicos. Siempre pensé que cuando se graduaban les llovían los dólares. Este consultor de negocios me dijo la frase: "Están a la distancia de una habilidad de ser ricos".

Lo que significa esta frase es que la mayoría de las personas sólo necesitaría aprender y dominar una habilidad más para conseguir que sus ingresos aumentaran exponencialmente. Antes he mencionado que esa inteligencia financiera es una sinergia de contabilidad, inversión, comercialización y derecho. Combine esas cuatro habilidades técnicas y hacer dinero con el dinero es más fácil. En lo que respecta al dinero, la única habilidad que tiene la mayoría de las personas es trabajar duro.

Un ejemplo clásico de la sinergia de habilidades es esa joven reportera del periódico. Si aprendiera diligentemente las habilidades de ventas y comercialización, sus ingresos aumentarían dramáticamente. Si fuera ella, tomaría algunos cursos en redacción de textos publicitarios así como de ventas. Entonces, en lugar de trabajar para el periódico buscaría un trabajo en una agencia de publicidad. Aun cuando represente menos sueldo, aprendería a comunicarse en *slogans* que se usan en la publicidad exitosa. También debería aprender relaciones públicas, una habilidad importante. Aprendería a conseguir millones en publicidad gratuita. Y por la noche y durante los fines de semana, podría escribir su gran novela. Cuando la terminara, podría vender mejor su libro. En poco tiempo podría convertirse en una escritora de *best-sellers*.

Cuando recién se publicó mi primer libro *Si quiere ser rico y feliz, ¿no vaya a la escuela?*, un editor sugirió cambiar el titulo a "La economía de la educación". Le dije que con un título así vendería dos libros: uno a mi familia y otro a mi mejor amigo. El problema es que ellos pretenderían que se los regale. El desagradable titulo *Si quiere ser rico y feliz, ¿no vaya a la escuela?*

se escogió porque sabíamos que conseguiría toneladas de publicidad. Soy partidario de la educación y creo en la reforma educativa. Si no, ¿por qué continuaría insistiendo en cambiar nuestro caduco sistema educativo? Así que escogí un título que me conseguiría más programas de televisión y radio, simplemente porque estaba dispuesto a ser polémico. Muchos pensaron que estaba loco, pero el libro se vendió sin parar.

Cuando me gradué de la Academia de la Marina Mercante Americana en 1969, mi papá educado estaba contento. Standard Oil de California me había contratado para su flota de petroleros. Era tercer oficial y la paga era baja comparada con la de mis compañeros de clase, pero no estaba mal para ser el primer trabajo después de la universidad. Al principio mi sueldo era $42,000 anual, incluyendo horas extras, y sólo tenía que trabajar siete meses. Tenía cinco meses de vacación. Si hubiera querido, podría haber hecho carrera en Vietnam con la subsidiaria de una compañía de envíos y haber duplicado fácilmente mi sueldo en lugar de tomar cinco meses de vacaciones.

Tenía una gran carrera por delante, pero renuncié a los seis meses y me enlisté en los Marine Corps para aprender a pilotear. Mi papá educado se quedó deshecho. Mi papá rico me felicitó.

En la escuela y en el trabajo es popular el concepto de "especialización". Es decir, para promocionarse o ganar más dinero hay que "especializarse". Por eso los médicos siempre buscan inmediatamente una especialidad como ortopedia o pediatría. Lo mismo pasa con los contadores, arquitectos, abogados, pilotos y otros.

Mi papá educado creyó en el mismo dogma. Por eso estaba feliz cuando al final consiguió su doctorado. Admitía a menudo que las escuelas premiaban a los que estudiaban cada vez más y más sobre cada vez menos.

Mi papá rico me animó a hacer exactamente lo contrario. "Debes aprender poco sobre muchas cosas", sugería. Por eso durante años trabajé en diferentes divisiones de sus compañías. Durante una temporada trabajé en su departamento de contabilidad. Aunque nunca sería contador, quería que aprendiera por "ósmosis." El papá rico sabía que aprendería la "jerga" y un sentido de qué es importante y qué no. También trabajé de camarero, obrero de la construcción, así como en ventas, reservas y mercadeo. Nos estaba preparando a Mike y a mí. Por eso insistía que estuviéramos presentes en las reuniones con sus banqueros, abogados, contadores y agentes. Quería que aprendiéramos un poco sobre cada aspecto de su imperio.

Cuando dejé mi bien remunerado trabajo con el Standard Oil, mi papá educado fue franco conmigo. Estaba sorprendido. No podría entender mi decisión de renunciar a un puesto que ofrecía un buen sueldo, grandes beneficios, mucho tiempo libre y oportunidades de promoción. Cuando una tarde me preguntó: "¿Por qué lo dejaste?", no podía explicárselo, aunque lo intentara. Mi lógica no encajaba con la suya. El problema más grande era que mi lógica era la lógica de mi papá rico.

La seguridad en el trabajo significaba todo para mi papá educado. Aprender significaba todo para mi papá rico.

Mi papá educado pensó que yo había ido a la escuela para aprender a ser oficial de una nave. Mi papá rico sabía que había ido a la escuela a estudiar comercio internacional. Como estudiante hice travesías en barcos de carga, pilotando grandes buques, petroleros, barcos de pasajeros al Lejano Este y al Pacífico Sur. El papá rico insistió en que me quedara en el Pacífico en lugar de tomar un barco a Europa porque sabía que las naciones en vías de desarrollo estaban en Asia, no en Europa. Mientras la mayoría de mis compañeros de clase, incluido Mike, se divertía con sus amigos universitarios, yo estudiaba comercio, personas, formas de negocio y cultura en Japón, Taiwán, Tailandia, Singapur, Hong Kong, Vietnam, Corea, Tahití, Samoa y Filipinas. También iba a fiestas, pero no en las residencias universitarias. Crecí rápidamente.

Mi papá educado no podía entender por qué había decidido dimitir y enlistarme en el Marines Corps. Le dije que quería aprender a pilotear pero lo que realmente quería aprender era a liderar las tropas. Mi papá rico me explicó que la parte más difícil de manejar una compañía era el personal. Él había pasado tres años en el Ejército; mi papá educado había estado exento. El papá rico me comentó el valor de aprender a conducir a hombres en situaciones peligrosas. "Liderazgo es lo que necesita aprender", dijo. "Si no eres un buen líder, te dispararán por la espalda, como sucede en los negocios".

Al regresar de Vietnam en 1973, resigné de mi mandato, aunque me apasionaba pilotear. Encontré un trabajo con Xerox Corp. Me decidí por una razón, y no era por los beneficios. Era muy tímido, y pensar que tenía que vender me aterraba. Xerox tiene uno de los mejores programas de entrenamiento de ventas en Estados Unidos.

El papá rico estaba orgulloso de mí. Mi papá educado estaba avergonzado. Al ser un intelectual pensaba que los vendedores estaban por debajo de él. Trabajé con Xerox durante cuatro años hasta superar mi miedo a golpear puertas y ser rechazado. Una vez situé entre los cinco primeros en ventas de forma consistente, dimití de nuevo, abandonando otra gran carrera con una excelente compañía.

En 1977 formé mi primera compañía. El papá rico nos había preparado a Mike y a mí para adquirir compañías. Así que ahora tenía que aprender a formarlos y juntarlas. Mi primer producto, una billetera de nylon y velcro, era fabricado en el Lejano Oriente y enviado a un almacén en Nueva York, cerca de donde yo había estudiado. Mi educación formal estaba completa y era hora de probar mis alas. Si fallaba, me arruinaría. Mi papá rico opinaba que era mejor arruinarse antes de los treinta. Su consejo era "todavía tienes tiempo para recuperarte". En vísperas de mi treinta cumpleaños, mi primer embarque salió de Corea hacia Nueva York.

Hoy todavía realizo negocios internacionales. Y, tal como me animaba mi papá rico, sigo buscando las naciones emergentes. Hoy mi compañía de inversión invierte en América del Sur, Asia, Noruega y Rusia.

Hay un viejo dicho que dice: "El trabajo significa *casi arruinado*. Desgraciadamente, diría que el refrán es aplicable a millones de personas. La escuela no considera que la inteligencia financiera es un talento, la mayoría de los obreros "vive dentro de sus medios". Trabajan y pagan sus cuentas.

Hay otra horrible teoría de dirección que dice: "Los trabajadores trabajan lo suficiente para que no los despidan, y los dueños pagan lo suficiente para que los trabajadores no se vayan". Y si mira el nivel de sueldos de cualquier compañía, de nuevo diría que hay algo de verdad en ese dicho.

El resultado es que la mayoría de los trabajadores nunca sale adelante. Hacen lo que les han enseñado a hacer: "Conseguir un trabajo seguro". Muchos trabajadores se orientan en trabajar por un sueldo y beneficios que los recompense a corto plazo, pero que a la larga es desastroso.

En cambio recomiendo a los jóvenes buscar un trabajo en el cual puedan aprender, no en el que puedan ganar. Consideren qué conocimientos quieren adquirir antes de escoger una profesión específica y antes de estar atrapado en la carrera de la rata.

Una vez se meten en el proceso inacabable de pagar cuentas, se vuelven como esas marmotas que corren por encima de esas ruedas pequeñas de metal. Sus peludas y pequeñas piernas pedalean furiosamente, la rueda gira frenéticamente, pero al día siguiente siguen en la misma jaula: buen trabajo.

En la película *Jerry Maguire,* protagonizada por Tom Cruise, hay grandes dichos. Probablemente el más memorable es "Muéstrame el dinero". Pero hay una frase que pensé era más verdadera. Ocurre en la escena cuando Tom Cruise se va de la empresa. Lo acaban de despedir y está preguntando a toda la compañía: "¿Quién quiere venir conmigo?" y todos están callados y helados. Sólo contesta una mujer que dice: "me gustaría, pero me toca una promoción dentro de tres meses".

Esa afirmación es probablemente la más verdadera de toda la película. Es el tipo de afirmación que usan las personas para continuar trabajando para pagar las facturas. Sé que mi papá educado esperaba su aumento de sueldo todos los años, y todos los años se defraudaba. Y regresaba a la escuela para aprender más y poder conseguir otro aumento, pero de nuevo, otra desilusión.

La pregunta que hago a menudo a muchos es: "¿a dónde les está llevando toda esta actividad diaria? " Igual que la pequeña marmota, me pregunto si la gente cuestiona a dónde los conduce tanto trabajo. ¿Qué les depara el futuro?

Cyril Brickfield, ex-director ejecutivo de la Asociación Americana de Personas Jubiladas, informa que los planes de jubilación privados son un caos. En primer lugar, el 50 por ciento de los empleados no tiene ningún plan. Sólo eso debería ser una gran preocupación. Y del 75 al 80 por ciento del otro 50 por ciento tiene pensiones inútiles que pagan $55 ó $150 ó $300 mensuales".

En su libro *El Mito de la Jubilación,* Craig S. Karpel escribe: "Visité la central de una de las principales consultorías de planes de pensiones y me reuní con un director gerente que se especializaba en planes de pensión para directivos. Cuando le pregunté qué podrán esperar de la manera de ingreso jubilatorio los que no están en la cúpula, dijo sonriendo segura: "La bala de plata".

—¿Cómo? —pregunté. ¿Qué es "La bala de plata"?

Se encogió de hombros. —Si los boomers descubren que no tienen suficiente dinero para vivir cuando sean mayores, siempre pueden pegarse un tiro en la cabeza. Karpel continúa explicando la diferencia entre el viejo Beneficio Definido de los planes de jubilación y los nuevos planes 401K, mucho más arriesgados. No es un cuadro agradable para la mayoría de los trabajadores actuales. Y eso simplemente es para la jubilación. Cuando se añaden los gastos médicos y los asilos de ancianos, el cuadro es todavía más estremecedor. En su publicado en 1995 indica que los costos de los asilos de ancianos cuestan entre $30,000 a $125,000 anuales. Preguntó en un asilo de ancianos corriente en su barrio y le dijeron que costaba $88,000 por año en 1995.

Ya muchos hospitales en países con medicina socializada necesitan tomar decisiones difíciles como quién vivirá y quién morirá. Basan esas decisiones exclusivamente en cuánto dinero y cuántos años tienen los pacientes. Si el paciente es viejo, a menudo darán atención médica a alguien más joven. El paciente pobre y viejo es el último de la cola. Y, así como el rico puede permitirse el lujo de recibir una buena educación, el rico se podrá mantener vivo mientras que otros más pobres morirán.

Por eso me pregunto, si los trabajadores miran al futuro o simplemente hasta su próximo sueldo, sin cuestionarse hacia donde se dirigen.

Cuando hablo con personas que quieren ganar más dinero, siempre les recomiendo lo mismo. Les recomiendo que consideren su vida a largo plazo. En lugar de solo trabajar por dinero y seguridad que admito es importante, les sugiero que tomen un segundo trabajo que les proporcione otra habilidad. A menudo recomiendo formar parte de una comercializadora, llamada también de multilevel marketing, si quieren aprender a vender. Algunas de estas compañías tienen programas de entrenamiento excelentes que ayudan a superar el miedo al fracaso y al rechazo, principales razones del fracaso de las personas. A largo plazo, la preparación es más valiosa que el dinero.

Cuando hago esta sugerencia, oigo a menudo esta contestación: "Oh es demasiada molestia", o "sólo quiero hacer lo que me interesa".

Al pronunciamiento "es demasiada molestia", pregunto: "¿Así que prefiere trabajar toda su vida entregando al gobierno la mitad de sus ganancias? A la otra contestación digo: "no estoy interesado en ir al gimnasio, pero voy porque quiero sentirme bien y vivir más tiempo".

Desgraciadamente, tiene algo de verdad ese viejo refrán "no puede enseñar nuevos trucos a un perro viejo". A menos que la persona quiera cambiar, es difícil cambiar.

Pero para aquellos de ustedes que estén medio convencidos de trabajar para aprender algo nuevo, les ofrezco esta palabra de ánimo: La vida es como la ida al gimnasio. La parte más dolorosa es decidirlo. Una vez que lo decide, es fácil. Muchos días me horroriza ir al gimnasio, pero una vez allí y en movimiento, es un placer. Después de terminar el ejercicio siempre me alegro de haberme forzado a ir.

Si no tiene voluntad para aprender algo nuevo pero tiene, en cambio, interés en especializarse dentro de su campo, asegúrese de que la compañía para la que usted trabaja está sindicalizada. Los sindicatos están ideados para proteger a los especialistas.

Mi papá educado, después de caer en desgracia con el gobernador, se convirtió en el dirigente del sindicato de maestros en Hawai. Me dijo que era el trabajo más duro que había tenido en su vida. Mi papá rico, por otro lado, se pasó la vida protegiendo sus compañías de los sindicatos. Y tuvo éxito. Aunque los sindicatos lo acechaban, el papá rico siempre pudo luchar contra ellos.

Personalmente, no tomo partido porque puedo ver la necesidad y los beneficios de ambos lados. Si hace lo que recomienda la escuela, y se especializa adecuadamente, entonces busque la protección de los sindicatos. Por ejemplo, si hubiera continuado con mi carrera de piloto, hubiera buscado una compañía con un sindicato de pilotos fuerte. ¿Por qué? Porque habría dedicado mi vida a aprender una habilidad valiosa para una sola industria. Si me sacaran de esa industria, esas habilidades no serían provechosas para otra industria. Un piloto mayor con 100,000 horas de vuelo en jets, ganando $150,000 anuales tendría problemas en encontrar un trabajo equivalente en pago y nivel en la enseñanza escolar. Los conocimientos no se transfieren bien entre industrias; así, los conocimientos de los pilotos se valoran en la industria aeronáutica, no en el sistema escolar.

Lo mismo es verdad hoy para los médicos. Con todos los cambios en medicina, muchos especialistas médicos necesitan adaptarse a las organizaciones médicas de HMO. Definitivamente, los profesores necesitan ser miembros del sindicato. Hoy en Estados Unidos, el sindicato de maestros es el más grande y el más pudiente de todos. El NEA, la Asociación de Educación Nacional, tiene un tremendo poder político. Los maestros necesitan la protección de su sindicato porque sus conocimientos tienen valor limitado fuera de la industria de la educación. Así que la regla de oro es: "Si está altamente especializado, sindicalícese". Es lo más prudente.

Cuando pregunto a mis alumnos: "¿cuántos de ustedes pueden preparar una hamburguesa mejor que la de McDonald's?", todos levantan la mano. Entonces les pregunto: "Si la mayoría de ustedes puede preparar una hamburguesa mejor ¿cómo es que McDonald's gana más dinero que ustedes?"

La respuesta es obvia: McDonald's es admirable en sistemas comerciales.

La razón por la que tanta gente es pobre es porque se centran en hacer una buena hamburguesa y saben poco sobre sistemas comerciales.

Un amigo mío en Hawai es un gran artista. Gana bastante dinero. Un día, el abogado de su madre lo llamó para decirle que la señora le había dejado $35,000. Eso es lo que había quedado de su herencia después de que el abogado y el gobierno cogieran su parte. Inmediatamente, vio la oportunidad de aumentar su negocio utilizando algo de este dinero para anunciarse. Dos meses más tarde, su primer anuncio de una página a cuatro colores apareció en una revista dirigida a los muy ricos. El anuncio apareció durante tres meses. No obtuvo ningún resultado del anuncio, y ahora ya no le queda nada de herencia. Ahora quiere demandar a la revista por falso testimonio.

Es un común ejemplo de personas que pueden preparar una buena hamburguesa pero saben poco de negocios. Cuando le pregunté qué había aprendido, su única respuesta fue que "los vendedores de publicidad son unos sinvergüenzas". Entonces le pregunté si estaba interesado en tomar un curso de ventas y un curso de mercadeo directo. Su contestación: "no tengo tiempo, y no quiero gastar dinero".

El mundo está lleno de personas pobres e inteligentes. Frecuentemente son pobres o tienen problemas económicos o ganan menos de lo que deberían, no por lo que saben sino por lo que no saben. Se dedican a perfeccionar sus habilidades para preparar una buena hamburguesa en lugar de las habilidades para vender y entregar la hamburguesa. Quizá McDonald's no haga la mejor hamburguesa pero son los mejores vendiendo y sirviendo una hamburguesa.

El papá pobre quería que me especializara. Opinaba que así ganaría más. Incluso después de que el gobernador de Hawai le informara que no podía seguir trabajando para el gobierno estatal, mi papá educado continuó animándome a que me especializara. Entonces mi papá educado tomó la causa del sindicato de maestros haciendo campaña por la amplia protección y beneficios de estos preparados y educados profesionales. Peleábamos a menudo, pero sé que nunca estuvo de acuerdo en que la sobre-especialización es lo que causa la necesidad de protección del sindicato. Nunca entendió que cuanto más especializado eres, más te entrampas y dependes de esa especialidad.

El papá rico aconsejó a Mike y a mí que nos "preparáramos". Muchas empresas hacen lo mismo. Buscan un estudiante avispado de la escuela de comercio y empiezan a "preparar" a esa persona para tomar las riendas de la compañía algún día. Estos jóvenes y brillantes empleados no se especializan en un departamento; rotan de departamento en departamento para aprender todo sobre sistemas comerciales. Los ricos a menudo "preparan" a sus hijos o a los hijos de otros. Haciendo esto, sus hijos adquieren un conocimiento generalizado sobre el funcionamiento del negocio y de cómo se vinculan los diversos departamentos.

Para la generación de la Segunda Guerra Mundial, era "perjudicial" cambiar constantemente de empresa. Hoy en día se considera conveniente. Ya que las personas van de empresa en empresa, en lugar de buscar una especialización mayor, por qué no buscar "aprender" más en lugar de "ganar". A corto plazo, pueden ganar menos. Pero a largo plazo, pagará con creces.

Las principales aptitudes directivas necesarias para el éxito son:

1. Gestión del flujo de dinero
2. Gestión de sistemas (incluyendo usted y su tiempo con su familia)
3. Gestión de personal

Las habilidades especializadas más importantes son las ventas y saber de comercialización. Es la habilidad de vender –por consiguiente, para comunicar a otro ser humano, sea un cliente, empleado, jefe, esposo o hijo– la habilidad básica para lograr el éxito personal. Las habilidades de comunicación como escribir, hablar y negociar, son cruciales para una vida de éxito. Es una habilidad que trabajo constantemente, asistiendo a cursos o comprando cintas educativas para ampliar mis conocimientos.

Como ya dije, mi papá educado cuanto más competente se volvía, más y más trabajaba. También se volvió más atrapado cuanto más especializado conseguía ser. Aunque su sueldo subía, sus opciones disminuían. Poco después de que le cerraran las puertas del trabajo con el gobierno, descubrió cuán vulnerable era profesionalmente. Es como los atletas profesionales que de repente se lesionan o son demasiado viejos. Su bien remunerado trabajo se acabó y tienen limitadas habilidades de las que depender. Opino que por eso mi papá educado era tan partidario de los sindicatos. Comprendía cuánto le podía beneficiar el sindicato.

El papá rico nos animó a Mike y a mí a aprender un poco de todo. Nos animó a trabajar con personas más inteligente que nosotros y a reunirlas para trabajar en equipo. Hoy se le llamaría una sinergia de especialidades profesionales.

Hoy encuentro a antiguos profesores que ganan cientos de miles de dólares al año. Ganan tanto porque tienen habilidades especializadas en su campo así como otras habilidades. Pueden enseñar, tanto como vender y comercializar. No conozco otras habilidades más importante que las ventas y la comercialización. Las habilidades de vender y comercializar son difíciles para la mayoría de las personas principalmente por su miedo al rechazo. Cuanto mejor se comunica, negocia y brega con su miedo al rechazo, más fácil resulta la vida. De la misma manera que aconsejé a esa periodista que quería convertirse en una autora de éxito, aconsejo hoy a cualquiera. Tener una especialización técnica tiene sus ventajas así como sus desventajas. Tengo amigos que son unos genios, pero no pueden comunicarse eficazmente con otros seres humanos y, como resultado, sus ganancias son lastimosas. Les aconsejo que se pasen simplemente un año aprendiendo a vender. Aunque no ganen nada, sus habilidades de comunicación mejorarán. Y eso no tiene precio.

Además de ser buenos alumnos, vendedores y comerciales, necesitamos ser tan buenos maestros como estudiantes. Para ser verdaderamente ricos, necesitamos poder dar tanto como recibir. En situaciones de lucha económica o profesional, a menudo falta dar y recibir. Conozco a muchos que son pobres porque no son ni buenos alumnos ni buenos maestros.

Mis dos papás eran hombres generosos. Los dos practicaban dar primero. Enseñar era una de sus maneras de dar. Cuanto más dieron, más recibieron. Una diferencia destacada era en la entrega de dinero. Mi papá rico obsequió mucho dinero. Daba a su iglesia, a las caridades, a su fundación. Sabía que para recibir dinero, tenía que dar dinero. Dar dinero es la clave de las familias más ricas. Por eso existen fundaciones como la Fundación Rockefeller y la Fundación Ford. Estas organizaciones están diseñadas para hacer dinero e incrementarlo, así como regalarlo en perpetuidad.

Mi papá educado siempre decía: "Cuando me sobre dinero, lo daré". El problema era que nunca le sobraba. Así que continuaba trabajando duro para traer el dinero en lugar de centrarse en la ley más importante del dinero: "Dé y recibirá". En cambio, creía en "Reciba y después dé".

En conclusión, me convertí en ambos papás. Por una parte soy un capitalista acérrimo que ama el juego del dinero y gana dinero. Y por la otra soy un maestro socialmente responsable, profundamente preocupado por el crecimiento de la diferencia entre los que tienen y los que no tienen. Mantengo que el caduco sistema educativo es el principal responsable de esta diferencia cada vez más creciente.

COMIENZOS

Capítulo Ocho

Superando obstáculos

Aunque las personas hayan estudiado y estén preparadas financieramente aún pueden tener impedimentos para hacerse financieramente independientes. Hay cinco razones principales por las cuales las personas financieramente competentes pueden aun no desarrollar una columna de activos abundante. Columnas de activos que podrían producir grandes sumas de flujo de dinero. Columnas de activos que podrían liberarlos para vivir la vida que sueñan, en lugar de trabajar constantemente para las cuentas. Las cinco razones son:

1. El miedo.
2. El cinismo.
3. La pereza.
4. Los malos hábitos.
5. La arrogancia.

Razón No. 1. Superar el miedo a perder dinero. Nunca he encontrado a nadie a quien le guste perder dinero. Y hasta ahora, no he encontrado ningún rico que nunca haya perdido dinero. Pero sí he encontrado a muchas personas pobres que nunca han perdido ni diez centavos. . . invirtiendo, eso es.

El miedo a perder dinero existe. Todos lo tenemos. Incluso los ricos. Pero el miedo no es el problema. Es cómo manejas el miedo. Es cómo manejas perder. Es cómo se maneja el fracaso lo que hace la diferencia en la vida de uno. Eso es aplicable a todo en la vida, no sólo al dinero. La principal diferencia entre un rico y un pobre es cómo manejan ese miedo.

Es comprensible ser temeroso. Es comprensible ser cobarde respecto al dinero. Aun así se puede ser rico. Todos somos héroes en algunas cosas y cobardes en otras. La esposa de mi amigo es enfermera de emergencias. Cuando ve sangre se pone a trabajar. Cuando le hablo de inversiones, sale corriendo. Cuando veo sangre, no corro. Me desmayo.

Mi papá rico entendía las fobias respecto al dinero. "Algunos tienen terror a las serpientes. A otros les aterra perder dinero. Ambas son fobias", decía. Su solución a la fobia de perder dinero era esta pequeña frase: "Si odia el riesgo y se preocupa . . . empiece temprano".

Por eso los bancos recomiendan adquirir el hábito de ahorrar desde joven. Si empieza de joven, es fácil hacerse rico. No entraré en detalles, pero hay una gran diferencia entre una persona que empieza a ahorrar a los veinte de una que empieza a hacerlo a los treinta. Una diferencia tremenda.

Se dice que una de las maravillas del mundo es el poder del interés compuesto. Se dice que la compra de la Isla de Manhattan fue una de las mayores gangas de la historia. Nueva York se compró por $24 en cuentas y baratijas. Pero si se hubiera invertido esos $24, al 8 por ciento anual, esos $24 se habrían convertido en 1995 en más de $28 billones, Manhattan se volvería a comprar con el dinero que sobrara de la compra de casi todo Los Ángeles, sobre todo a los precios de bienes raíces en 1995.

Mi vecino trabaja para un de las mayores empresas de computadoras. Lleva allí 25 años. En cinco años más dejará la compañía con $4 millones en su plan de jubilación 401k. Están invertidos principalmente en fondos de inversión de alto rendimiento que convertirá en bonos y letras del tesoro. Tendrá sólo 55 años cuando se retire, y recibirá un flujo de dinero pasivo superior a $300,000 anuales, superior a su sueldo. Así que se puede hacer, aún cuando usted odie perder o arriesgarse. Pero debe empezar temprano y definitivamente establecer un plan de jubilación para lo cual es importante contratar un experto financiero de su confianza antes de invertir en nada.

¿Pero qué hacer si no tiene mucho tiempo o tiene ganas de retirarse anticipadamente? ¿Cómo vencer el miedo a perder dinero?

Mi papá pobre no hizo nada. Simplemente evitó el problema negándose a discutir el asunto.

Por otro lado, mi papá rico me recomendó que pensara como un tejano.

"Me gustan Texas y los tejanos", decía. "En Texas, todo es más grande. Cuando los tejanos ganan, ganan a lo grande. Y cuando pierden, es espectacular".

—¿Les gusta perder? —pregunté.

—Eso no es lo que estoy diciendo. A nadie le gusta perder. Enséñame un perdedor feliz y te mostraré a un perdedor" —dijo el papá rico—. Me estoy refiriendo a la actitud del tejano hacia el riesgo, la recompensa y el fracaso. Es cómo se enfrentan a la vida. Viven a lo grande. No son como la mayoría de las personas de por aquí, que viven como cucarachas en lo que respecta al dinero. Cucarachas aterradas de que alguien los enfoque con una luz. Lloriqueando cuando el cajero del mercado les da un centavo de menos".

El papá rico continuó explicando:

—Lo que más me gusta es la actitud de Texas. Están orgullosos cuando ganan, y presumen cuando pierden. Los tejanos tienen un refrán: "Si te vas a arruinar, hazlo a lo grande". Nadie quiere admitir que se arruinó por un dúplex. La mayoría de las personas de por aquí tienen tanto miedo a perder, que no tienen ni un dúplex que los arruine.

Siempre nos repetía a mí y a Mike que la razón principal de la falta de éxito financiero era que la mayoría de las personas jugaba demasiado segura. "La gente tiene tanto miedo a perder que acaban perdiendo", eran sus palabras.

Fran Tarkenton, en su tiempo un gran quarterback de la NFL, lo pone de otra manera: "Ganar significa no tener miedo a perder".

En mi propia vida, he visto que las ganancias siguen a las perdidas. Antes de finalmente aprender a montar una bicicleta, primero me caí muchas veces. No he conocido a ningún jugador de golf que nunca haya perdido una pelota del golf. No he conocido a nadie que se haya enamorado que no haya tenido un fracaso amoroso. Y no he conocido nunca a alguien rico que nunca haya perdido dinero.

Así que la mayoría de las personas no triunfan financieramente porque el dolor de perder dinero es mayor que la alegría de ser rico. Otro refrán tejano es: "Todos queremos ir al Cielo, pero nadie quiere morirse". La mayoría sueñan con hacerse ricos, pero les aterra perder dinero. Así que nunca van al Cielo.

El papá rico nos contaba a Mike y a mí historias de sus viajes a Texas. "Si realmente quieren aprender a dominar el riesgo, las pérdidas y el fracaso, vayan a San Antonio y visiten El Álamo. El Álamo es la historia de unos valientes que escogieron luchar, sabiendo que no tenían posibilidades de triunfar debido a la aplastante desigualdad de fuerzas. Prefirieron morir en lugar de rendirse. Es una historia inspiradora digna de estudio; no obstante, todavía se considera una trágica derrota militar. Perdieron miserablemente. Un fracaso si quiere. Perdieron. Así que, ¿cómo enfrentan el fracaso los tejanos? Todavía gritan: "¡Recuerde el Álamo!"

Mike y yo escuchábamos esta historia frecuentemente. Siempre nos la contaba cuando estaba a punto de hacer gran negocio y estaba nervioso. Después de haber hecho todas sus gestiones y estar en la hora de la verdad, nos contaba esta historia. Cada vez que tenía miedo de cometer un error, o de perder dinero nos la contaba. Le daba fuerza, porque le recordaba que siempre podía transformar una pérdida en una victoria financiera. El papá rico sabía que el fracaso lo haría más fuerte e inteligente. No es que quisiera perder, pero sabía quién era y cómo enfrentaría una pérdida. Tomaría la pérdida y la convertiría en una victoria. Eso es lo que le hacía un ganador, y a otros perdedores. Le daba el coraje para cruzar la línea cuando otros se echaban atrás. "Por eso me gustan tanto los tejanos. Agarran un gran fracaso y lo convierten en un destino turístico que les ingresa millones".

Pero es probable que las palabras que más significado tienen hoy para mí sean: "Los tejanos no entierran sus fracasos. Se inspiran en ellos. Toman sus fracasos y los convierten en gritos de guerra. El fracaso inspira a los tejanos a volverse ganadores. Pero esa fórmula no es sólo para los tejanos. Es la fórmula de todos los ganadores".

Tal como dije, cayéndome de la bicicleta fue la forma de aprender a andar. Recuerdo que cuanto más me caía, más decidido estaba a aprender a andar. No menos. También dije que nunca había conocido a un jugador de golf que no hubiera perdido nunca una pelota. Para ser un gran profesional del golf, perder una pelota o un torneo sólo inspira a los jugadores de golf a ser mejores, practicar todavía más y a estudiar más. Eso es lo que los hace mejores. A los ganadores, perder los inspira. A los perdedores, perder los derrota.

Citando a John D. Rockefeller: "siempre intenté convertir cada desgracia en una oportunidad".

Al ser japonés—americano, puedo decir esto. Muchas personas dicen que Pearl Harbor fue un error de los americanos. Opino que fue un error de los japoneses. En la película *Tora, Tora, Tora,* un sobrio almirante japonés dice a sus exaltados subordinados: "Tengo miedo. Hemos despertado a un gigante durmiente". "Recuerden Pearl Harbor" se volvió un grito de movilización. Convirtió una de las mayores pérdidas de América en la razón para ganar. Esta gran derrota dio la fuerza a América, y América pronto surgió como un poder mundial.

El fracaso inspira a los vencedores. Y el fracaso derrota a los perdedores. Es el secreto más grande de los vencedores. Es el secreto que no saben los perdedores. El mayor secreto de los vencedores es que el fracaso les inspira a vencer; y por eso no tienen miedo a perder. Repitiendo la cita de Fran Tarkenton, "Ganar significa no tener miedo a perder". Las personas como Fran Tarkenton no tienen miedo a perder porque saben quienes son. Odian perder, pero saben que perder los inspirará a ser mejores. Hay una gran diferencia entre odiar perder y tener miedo a perder. La mayoría tiene tanto miedo a perder dinero que pierden. Se arruinan por un dúplex. Financieramente juegan en la vida demasiado seguro y demasiado pequeño. Compran grandes casas y grandes automóviles, pero no inversiones grandes. La razón principal por la que más del noventa por ciento de los americanos tienen problemas económicos es porque apuestan para no perder. No apuestan para ganar.

Van a sus asesores financieros o contadores o agente de bolsa y compran una cartera equilibrada. La mayoría tiene mucho dinero en plazos fijos (*Certificates of Deposit*), bonos de bajo rendimiento, fondos de inversión que pueden comercializarse dentro de una familia de fondos de inversión y acciones individuales. Es una cartera fuerte y sensata. Pero no es una cartera ganadora. Es una cartera de alguien que apuesta para no perder.

No me malinterpreten. Probablemente es una cartera de valores mejor que la del setenta por ciento de la población, y eso da miedo. Porque una cartera segura es mejor que una inexistente. Es una gran cartera para alguien que busca seguridad. Pero jugar seguro y ser equilibrado en su cartera de inversiones no es la forma en que apuestan los inversionistas de éxito. Si tiene poco dinero y quiere ser rico, debe orientarse, no "equilibrarse". Si observa a cualquier exitoso, al comienzo no estaba equilibrado. Las personas equilibradas no van a ninguna parte. Se quedan en el mismo lugar. Para progresar, al comienzo debe estar desequilibrado. Piense cómo aprendió a caminar.

Thomas Edison no estaba equilibrado. Estaba orientado. Bill Gates no estaba equilibrado. Estaba enfocado. Donald Trump se enfoca. George Soros se enfoca. George Patton no desplegó sus tanques. Los enfocó y disparó por los puntos débiles de las columnas alemanas. El francés se desplegó por la Línea de Maginot, y ya saben lo que les ocurrió.

Si tiene el menor deseo de ser rico, debe enfocar. Ponga muchos huevos en un cesto. No hagan como los pobre y la clase media: poner sus pocos huevos en muchos cestos.

Si usted odia perder, apueste seguro. Si perder le hace temblar, apueste seguro. Vaya con las inversiones equilibradas. Si tiene más de 25 años y le aterran los riesgos, no cambie. Apueste seguro, pero salga temprano. Empiece a ahorrar pronto porque tomará tiempo.

Pero si tiene sueños de libertad, de salir de la carrera de la rata, lo primero que debe preguntarse es: ¿cómo reacciono ante el fracaso? Si el fracaso lo inspira a superarse, atrévase —bueno, quizás. Si el fracaso lo debilita o le proporciona una rabieta de malcriado que llama al abogado para meter un pleito cada vez que algo no sale como desea, entonces apueste seguro. Mantenga su trabajo. O compre bonos o fondos de inversión. Pero recuerde que también estos instrumentos financieros conllevan riesgos aunque sean más seguros.

Lo que digo, incluyendo la mención a Texas y a Fran Tarkenton, es porque es fácil apilar la columna de activos. En verdad no hace falta mucha aptitud. No precisa demasiada educación. Con matemática de quinto grado basta. Pero apilar la columna de activos es un juego de mucha actitud. Precisa tripas, paciencia y una gran actitud ante el fracaso. Los perdedores evitan el fracaso. Y el fracaso convierte a los perdedores en vencedores. Acuérdese del Álamo.

Razón No. 2. Supere el cinismo. "El cielo se está cayendo. El cielo se está cayendo". La mayoría conocemos el cuento del que fue por el corral advirtiendo sobre la inminente tragedia. Todos conocemos a personas que son así. Todos tenemos un pájaro de mal agüero dentro nuestro.

Como dije antes, el cínico es un pollo pequeño. Todos nos volvemos como el pollo pequeño cuando el temor y la duda envuelven nuestros pensamientos.

Todos tenemos dudas. "No soy inteligente". "No soy lo suficientemente bueno". "Este y aquél son mejores que yo". O nuestras dudas a menudo nos paralizan. Jugamos a ¿qué pasaría si? . "¿Qué pasaría si cae la economía después de invertir?" "¿Qué pasaría si pierdo el control y no puedo devolver el dinero?", "¿Qué pasaría si las cosas no van como pensé?" O tenemos amigos, gente que queremos, que nos recordarán nuestras limitaciones sin preguntarles. A menudo dicen: "¿Qué te hace pensar que puedes lograrlo?" O: "Si es tan buena idea, ¿cómo es que no lo ha hecho otro?" O: "Eso nunca funcionará, no sabes de lo que estás hablando". Estas palabras de duda son a veces tan contundentes que no actuamos. Tenemos una sensación horrible en el estómago. A veces no podemos ni dormir. No progresamos. Y nos quedamos con lo que está seguro y las oportunidades nos pasan por delante. Miramos la vida pasar sentados e inmovilizados con el cuerpo frío. Todos nos hemos sentido así en algún momento de nuestras vidas, unos más que otros.

Peter Lynch, del conocido fondo de inversión Fidelity Magellan, se refiere a las advertencias de que "el cielo se está cayendo" como "ruido", que todos escuchamos.

El "ruido" se crea dentro de nuestras cabezas o viene de afuera. A menudo de los amigos, familia, colaboradores y los medios de comunicación. Lynch recuerda que durante los años cincuenta, cuando la amenaza de guerra nuclear estaba siempre en las noticias, la gente empezó a construir refugios antinucleares y a almacenar comida y agua. Si hubieran invertido ese dinero sabiamente en el mercado, en lugar de construir refugios antinucleares, hoy probablemente tendrían independencia financiera.

Cuando los disturbios callejeros tuvieron lugar hace unos años en Los Angeles, las ventas de armas aumentaron en todo el país. Una persona muere a causa de la carne poco cocinada de una hamburguesa en el Estado de Washington y en Arizona el Departamento de Salud pide a los restaurantes que la carne se haga bien pasada. Una compañía farmacéutica lanza una campaña publicitaria de televisión nacional mostrando a gente cogiendo gripe. El anuncio aparece en febrero. Aumenta el frío así como las ventas de su medicina contra los catarros.

La mayoría de las personas son pobres porque respecto a invertir, el mundo está lleno de pájaros de mal agüero que corren gritando "el cielo se está cayendo, el cielo se está cayendo". Y los pájaros de mal agüero son eficaces porque todos nosotros somos un poco cobardes. Hace falta mucho valor para no permitir que los rumores y las malas noticias influyan nuestros miedos y dudas.

En 1992, mi amigo Richard fue desde Boston hasta Phoenix a visitarnos. Se quedó impresionado con lo que habíamos logrado a través de acciones y propiedades. Los precios de los bienes raíces en Phoenix estaban deprimidos. Pasamos dos días con él mostrándole lo que pensamos eran buenas oportunidades para crear flujo de dinero y revalorización de capital.

Mi esposa y yo no somos agentes inmobiliarios. Somos exclusivamente inversionistas. Después de ver una propiedad en una comunidad vacacional llamamos a un agente que lo vendió esa tarde. El precio eran unos $42,000 por una casa adosada de dos alcobas. Unidades similares se vendían por $65,000. Había encontrado una ganga. Entusiasmado, lo compró y regresó a Boston.

Dos semanas más tarde, llamó el agente para informarnos que nuestro amigo se había echado atrás. Lo llamé inmediatamente para averiguar el motivo. Todo lo que dijo es que había hablado con su vecino y éste opinaba que era un mal negocio. Estaba pagando demasiado.

Pregunté a Richard si su vecino era inversionista. Richard dijo que no. Cuando le pregunté por qué le había hecho caso, se puso a la defensiva y dijo, simplemente, que quería seguir buscando.

El mercado de bienes raíces en Phoenix cambió, y en 1994 esa pequeña unidad se alquilaba por $1,000 al mes – $2,500 en los meses punta del invierno. La casa merecía la pena en 1995. Todo lo que Richard tenía que soltar eran $5,000 y habría podido salir de la carrera de la rata. Hoy, todavía sigue sin hacer nada. Y las gangas en Phoenix todavía continúan; pero ahora hay que buscar mucho más.

Que Richard cambiara de opinión no me sorprende. Se llama "remordimiento de comprador " y nos afecta a todos. Son las dudas las que nos pierden. El pájaro de mal agüero ganó y se perdió una oportunidad de quedar en libertad.

Otro ejemplo, mantengo una pequeña parte de mis activos en certificados de embargo fiscal en lugar de en plazos fijos. Gano 16 por ciento anual por mi dinero que ciertamente supera el 5 por ciento que ofrecen los bancos. Los certificados están garantizados por propiedades y asegurados por el estado, que es mejor también que la mayoría de los bancos. La fórmula por la que se compran los hace seguros. Lo único es que les falta liquidez. Así que yo los considero plazos fijos de 2 a 7 años.

Siempre que le comento a alguien, sobre todo a quienes tienen su dinero en plazos fijos, que tengo mi dinero así, me dice que es arriesgado. No me dicen por qué no debería hacerlo. Cuando les pregunto de dónde sacan la información, dicen que de algún amigo o de una publicación sobre inversiones. Nunca lo han hecho, pero le están diciendo a alguien que lo está haciendo por qué no deben. El rendimiento más bajo que busco es del 16 por ciento, pero las personas llenas de dudas aceptan un 5 por ciento. La duda es cara.

Creo que son esas dudas y el cinismo las que mantienen pobres y apostando seguro a mucha gente. El mundo verdadero está esperando a que se haga rico. Sólo sus dudas lo mantienen pobre. Como dije, salir de la carrera de la rata es fácil técnicamente. No precisa mucha educación, pero esas dudas son las que lesionan a la mayoría de las personas.

"Los cínicos nunca ganan", dijo el papá rico. La duda desmedida y el miedo crean al cínico. "Los cínicos critican, y los ganadores analizan" era otro de sus refranes favoritos. El papá rico nos explicó que la crítica cegaba, mientras que el análisis abría los ojos. El análisis permitió a los vencedores observar que los críticos eran ciegos, y ver las oportunidades que los demás ignoraban. Y encontrar lo que ignoran los demás es la clave del cualquier éxito.

Las propiedades son una herramienta de inversión poderosa para los que buscan independencia financiera o libertad. Es una herramienta única de inversión. Pero cada vez que menciono los bienes raíces como vehículo escucho "no quiero acabar arreglando retretes". Eso es lo que Peter Lynch llama "ruido". Eso es lo que mi papá rico diría dice el "cínico". Alguien que critica y no analiza. Alguien que permite que sus dudas y temores cierren su mente en lugar de abrir sus ojos.

Así, cuándo alguien dice: "no quiero acabar arreglando retretes", quiero gritarle "¿y qué le hace pensar que yo quiero hacerlo?" Están diciendo que un retrete es más importante que lo que quieren. Hablo sobre la liberación de la carrera de la rata, y apuntan a los retretes. Ésta forma de pensar es la que mantiene pobres a muchos. Critican en lugar de analizar.

"Lo que 'no quiero hacer' es la llave de su éxito", decía el papá rico.

Como yo tampoco quiero arreglar retretes, busco bien un gerente de propiedad que arregle los retretes. Y con un buen administrador que mantenga bien las casas y los apartamentos aumenta mi flujo de dinero. Pero todavía más importante, un buen administrador de propiedades me permite comprar más propiedades ya que no tengo que arreglar los retretes. Un gran administrador de propiedad es importante para tener éxito con propiedades. Encontrar a un buen gerente para mi es más importante que las propiedades. Un buen gerente de propiedad se entera de las grandes oportunidades antes que un agente inmobiliario, lo que los hace aun más valiosos.

Eso es lo que el papá rico quería decir con "Lo que 'no quiero hacer' es la llave de su éxito". Porque no quiero arreglar retretes, deduje cómo comprar más bienes raíces y acelerar mi salida de la carrera de la rata. Las personas que continúan diciendo que "no quiero arreglar retretes" se niegan el uso de este poderoso instrumento de inversión. Los retretes son más importantes que su libertad.

En la Bolsa de Valores, escucho a muchos decir: "no quiero perder dinero". Bien, ¿y qué les hace pensar que a mí o a los demás nos gusta perder dinero? No ganan dinero porque eligieron no perder dinero. En lugar de analizar, cierran sus mentes a otro vehículo poderoso de inversión, la bolsa de valores.

En diciembre de 1996 pasé con mi amigo en auto por delante de la gasolinera de nuestro barrio. Observó que el precio de la gasolina había subido. Mi amigo vive preocupado, es un pájaro de mal agüero. Para él, el cielo siempre va a caerse, y seguramente lo hará encima suyo.

Cuando llegamos a casa, me mostró estadísticas que indicaban por qué el precio de la gasolina subiría en los próximos años. Estadísticas que nunca había visto, a pesar de ser propietario de bloque de acciones de una compañía petrolera. Con esa información empecé a buscar e inmediatamente encontré una compañía de petróleo infravalorada que estaba a punto de encontrar depósitos petrolíferos. Mi agente de bolsa estaba entusiasmado con esta nueva compañía, y compré 15,000 acciones a 65 centavos cada una.

En febrero de 1997, este mismo amigo y yo pasamos otra vez por la misma gasolinera, y efectivamente el precio del galón había subido casi un 15 por ciento. De nuevo, el pájaro de mal agüero se preocupó y se quejó. Sonreí porque en enero de 1997, esa pequeña compañía petrolífera descubrió petróleo y esas 15,000 acciones subieron a más de $3 la acción desde que me había hecho la recomendación.

En lugar de analizar, su pájaro de mal agüero le cierra la mente. Si la gente entendiera qué es una "orden de venta" en el mercado de valores, habría más gente que invertiría para ganar en lugar de invertir para no perder. Una orden de vender es simplemente una orden en la computadora que vende tus acciones automáticamente si las acciones se sitúan por debajo de un precio limite; esto ayuda a minimizar pérdidas y a aumentar al máximo las ganancias. Es una gran herramienta para aquéllos que están aterrados de perder.

Siempre que oigo a personas centrarse en "lo que no quieren" en lugar de en "lo que quieren", sé que el "ruido" en su cabeza debe ser fuerte. El pájaro de mal agüero se ha adueñando de su mente y grita, "El cielo se está cayendo y los retretes se están estropeando". Aunque evitan sus "no quiero", pagan un precio muy alto. Puede que nunca consigan lo que quieren en la vida.

El papá rico me dió una manera de mirar el pájaro de mal agüero."Haz simplemente lo que hizo el Coronel Sanders". A los 66 años, perdió su negocio y empezó a vivir de su cheque del Seguro Social. Pero no era suficiente. Fue por todo el país vendiendo su receta de pollo frito. Fue rechazado 1,009 veces antes de que alguien le dijera "sí." Y se hizo multimillonario a una edad en que la mayoría de las personas se retiran. "Era un hombre valiente y tenaz", dijo el papá rico de Harlan Sanders.

Así que cuando tenga dudas y se sienta un poco asustado, haga lo que hizo el Coronel Sanders con su pájaro de mal agüero. Fríalo.

Razón No. 3. La pereza. Las personas atareadas son frecuentemente las más perezosas. Todos hemos escuchado la historia de ese hombre de negocios que trabaja duro para ganar dinero. Trabaja para mantener a su esposa y sus hijos. Pasa muchas horas en la oficina y trae trabajo a casa los fines de semana. Un día viene a casa y se encuentra con la casa vacía. Su esposa se ha marchado con los niños. Sabía que tenían problemas pero en lugar de esforzarse por mejorar la relación, se quedaba trabajando en la oficina. Desanimado, su rendimiento en el trabajo sufre y pierde su trabajo.

Hoy en día, encuentro a muchas personas que están demasiado ocupadas para ocuparse de su fortuna. Y también hay personas demasiado ocupadas para ocuparse de su salud. La causa es la misma. Están ocupados y se mantienen ocupados como forma de evitar algo que no quieren enfrentar. Nadie se los tiene que decir. Dentro de ellos lo saben. De hecho, si se los recuerda, responden con enojo o irritación.

Si no están ocupados en el trabajo o con los niños, lo están viendo televisión, pescando, jugando al golf o yendo de compras. Pero bien dentro saben que están evitando algo importante. Ésta es la forma más común de pereza. La pereza de estar ocupado.

¿Y cuál es la cura para la pereza? La respuesta es un poco de avaricia.

A muchos nos enseñaron que el deseo y la avaricia son malos. Los "avariciosos son malas personas" solía decir mi mamá. Sin embargo todos por dentro anhelamos tener cosas buenas, cosas nuevas o cosas que nos exciten. Así que para mantener ese deseo bajo control a menudo los padres encuentran la forma de suprimir ese deseo con culpabilidad.

"Sólo piensas en ti. No sabes que tienes más hermanos y hermanas?", era el dicho favorito de mi mamá. O: "¿Quieres que te compre el qué?", era el favorito de mi papá. "¿Piensas que nadamos en la abundancia?, ¿piensas que el dinero crece en los árboles? No somos ricos, sabes".

No era tanto las palabras como el sentimiento de culpabilidad lo que más me afectaba.

O el sentimiento de culpa a la inversa era eso de "me estoy sacrificando para comprarte esto". "Te compro esto porque nunca tuve esta ventaja cuando era pequeño". Tengo un vecino que no tiene un centavo pero no puede estacionar el automóvil en su garage porque lo tiene lleno de juguetes para sus niños. Esos mocosos malcriados consiguen todo lo que quieren. "No quiero que conozcan lo que es la necesidad", es lo que dice a diario. No tiene nada ahorrado para su universidad o para su jubilación, pero sus hijos tienen todo juguete existente. Hace poco recibió una nueva tarjeta de crédito en el correo y se llevó a los niños a visitar Las Vegas. "Lo estoy haciendo por ellos", dijo con gran sacrificio.

El papá rico prohibió decir las palabras "no puedo permitirme el lujo".

En mi propia casa, eso es todo lo que oía. En cambio, el papá rico exigió a sus hijos que dijeran: "¿Cómo puedo permitirme el lujo?" Su explicación era que las palabras "no puedo permitirme el lujo" cierran la mente. Ya no tenía que seguir pensando. "¿Cómo puedo permitirme el lujo?" abre la mente. Te obliga a pensar y a buscar las respuestas.

Pero sobre todo opinaba que las palabras "no puedo permitirme el lujo de" eran una mentira. Y el espíritu humano lo sabía. "El espíritu humano es muy, muy, poderoso", decía. "Sabe que puede hacer cualquier cosa". Teniendo una mente perezosa que dice "no puedo permitirme el lujo", se crea un conflicto dentro de uno. Su espíritu está enfadado y su mente perezosa debe defender su mentira. El espíritu está gritando, "¡Vamos! Vamos al gimnasio y hagamos ejercicio". Y la mente perezosa dice: "Pero estoy cansado. Hoy trabajé muy duro". O el espíritu humano dice: "estoy enfermo y cansado de ser pobre. Busquemos la forma de hacernos ricos". A lo que la mente perezosa replica: "Los ricos son avaros. Además, es demasiada molestia. No es seguro. Podría perder el dinero. Ya estoy trabajando demasiado. Mire lo que tengo que hacer esta noche. Mi jefe quiere que lo termine para mañana".

"No puedo permitirme el lujo" también entristece. Una impotencia que a menudo conduce al desaliento y a la depresión. "Apatía" es otra forma de llamarlo. "¿Cómo puedo permitirme el lujo?" abre posibilidades, entusiasma y da esperanza. Así que al papá rico no le preocupaba lo que querías comprar, sino que "¿Cómo puedo permitirme el lujo de?" crearía una mente más fuerte y un espíritu dinámico.

Por eso raramente nos daba algo a Mike o mi. En cambio nos preguntaba: "¿Cómo pueden permitirse el lujo?", y eso incluía la universidad que nos pagamos nosotros mismos. No era la meta sino el proceso de lograr la meta que perseguíamos lo que quería que aprendiéramos.

El problema que detecto hoy es que hay millones de personas que se sienten culpable de su ambición. Es un condicionamiento de su infancia. Su deseo de tener lo mejor que ofrezca la vida. La mayoría ha sido subconscientemente condicionada a decir "No puedes lograr eso", o "Nunca te podrás permitir el lujo de eso".

Cuando decidí salir de la carrera de la rata, se trataba simplemente de contestar la pregunta."¿Cómo puedo permitirme el lujo de no volver a trabajar?" Y mi mente empezó a debatir respuestas y soluciones. Lo más difícil era luchar contra el dogma de mis padres de "Nosotros no podemos permitirnos ese lujo". O "Deja de pensar sólo en ti". O "¿Por qué no piensas en los demás?", y otras cosas así destinadas a hacerme sentir culpable y a suprimir mi codicia.

¿Así que cómo se combate la pereza? La respuesta es: con un poco de ambición. Es como esa estación de radio WII–FM (*What's In It–For–Me*) que significa "¿Qué hay en eso para mí?" Una persona necesita sentarse y preguntarse: ¿Qué hay en eso para mí si tengo salud, soy atractivo y bueno?". "¿Cómo sería mi vida si nunca más tuviera que trabajar?" O: "¿Qué haría si tuviera todo el dinero que necesito?" Sin ese poco de codicia, el deseo de tener algo mejor, no se adelanta. Nuestro mundo progresa porque todos deseamos una vida mejor. Se crean nuevas invenciones porque deseamos algo mejor. Vamos a la escuela y estudiamos duro porque queremos algo mejor. Así que cuando se dé cuenta de que está evitando algo que debería estar haciendo, la única cosa que debe preguntarse es "¿Qué hay en eso para mí?" Sea un poco avaro. Es la mejor cura para la pereza.

Sin embargo, la codicia excesiva, como todo en exceso, no es buena. Recuerden lo que Michael Douglas dijo en la película *Wall Street*: "La codicia es buena". El papá rico lo dijo de otra manera: "El sentido de culpa es peor que la codicia. Porque la culpa roba al cuerpo su alma". Para mí, Eleanor Roosevelt fue quien mejor lo dijo: "Haz lo que tu corazón sienta que es bueno—porque de todas formas te criticarán. Te maldecirán tanto si lo haces como si no lo haces".

Razon No. 4. Los hábitos. Nuestras vidas son un reflejo más de nuestros hábitos que de nuestra educación. Después de ver la película *Conan*, protagonizada por Arnold Schwarzenegger, un amigo me dijo: "me encantaría tener un cuerpo como el de Schwarzenegger". Casi todo los amigos le dimos la razón.

—Oí decir que antes estaba muy endeble y flaco —agregó otro amigo.

—Sí, también oí eso —agregó otro—. Escuché decir que va al gimnasio todos los días para entrenarse.

—Sí, apostaría que tiene que hacerlo.

—Nah —dijo el cínico de grupo—. Apostaría que nació así. Además, dejemos de hablar de Arnold y pidamos unas cervezas.

Este es un ejemplo de cómo los hábitos controlan la conducta. Recuerdo haberle preguntando a mi papá rico por los hábitos de los ricos. En lugar de contestarme en el acto, quiso que, como de costumbre, aprendiera a través de un ejemplo.

—¿Cuándo paga tu papá sus facturas? —preguntó el papá rico.

—El primer día del mes.

—Después de eso, ¿le sobra algo? —preguntó.

—Muy poco.

—Esa es la razón principal por la que lucha —dijo al papá rico—. Tiene malos hábitos.

—Tu papá paga primero a todos los demás. Él se paga el último, pero sólo si le sobra algo.

—Y normalmente no le queda. ¿Pero tiene que pagar sus facturas, ¿no? ¿Me está diciendo que no debe pagar sus facturas?

—Claro que no —dijo el papá rico—. Creo firmemente en pagar mis facturas a tiempo. Pero primero me pago a mí mismo. Antes incluso de pagar al gobierno.

—¿Pero qué pasa si no tienes suficiente dinero? —pregunté—. ¿Qué haces entonces?

—Lo mismo. Aún así me pago primero. Aunque esté corto de dinero. Mi columna de activos es más importante para mí que el gobierno.

—Pero . . . —dije—. ¿No lo persiguen?

—Sí, si uno no paga. Escucha, no dije que no pagara. Sólo dije que yo me pago primero, aunque esté corto de dinero.

—Pero, ¿cómo hace eso?

—La pregunta no es cómo. Es "por qué"—dijo el papá rico.

—Eso, ¿por qué?

—Por "motivación" —dijo el papá rico—. ¿Quién piensas que se quejará más si no pago: yo o mis acreedores?

—Definitivamente sus acreedores protestarían más que usted —dije respondiendo a lo obvio—. Usted no diría nada si no se pagara.

—Ves, después de pagarme a mí mismo, la presión para pagar mis impuestos y a los otros acreedores es tan grande que me obliga a buscar otras formas de ingreso. La necesidad de pagar se vuelve mi motivación. He tenido varios empleos, he creado compañías, he comerciado en la Bolsa de Valores, cualquier cosa para asegurarme que esos tipos no me empiecen a gritar. Esa presión me hizo trabajar más, me obligó a pensar, y en general me hizo más inteligente y más activo en lo que respecta al dinero. Si me hubiera pagado último, no habría sentido la presión pero aún estaría sin un centavo.

—¿Así que es el miedo al gobierno o a las otras personas que debe dinero es lo que lo motiva?

—Así es —dijo el papá rico—. Mira, los recaudadores de hacienda son unos matones. Igual que los cobradores de deudas en general. La mayoría de las personas se rinden ante estos matones. Pagan y nunca se pagan a sí mismos. ¿Conoces el cuento del alfeñique de 96 libras al que le echan arena a puntapiés en la cara?

Asentí.

—Veo ese anuncio de físico-culturismo en los cómics todo el tiempo.

—Bien, la mayoría de las personas permiten que los matones los maltraten. Yo decidí usar el miedo al matón para hacerme más fuerte. Otros se vuelven más débiles. Obligarme a pensar cómo puedo ganar más dinero es como ir al gimnasio y levantar pesas. Cuanto más ejercito mis músculos mentales del dinero, más fuerte me vuelvo. Ahora, no les tengo miedo a los matones.

Me gustó lo qué el papá rico me estaba diciendo.

—¿Así que si me pago primero, me vuelvo financieramente más fuerte mental y físicamente?

El papá rico asintió.

—¿Y si me pago el último, o nada, me vuelvo más débil? ¿Y los jefes, gerentes, recaudadores de impuestos, cobradores de facturas y casero me maltratarán el resto de mi vida, todo porque no tengo buenos hábitos de dinero?

El papá rico asintió.

—Igual que el alfeñique de 96 libras.

Razón No. 5. La arrogancia. La arrogancia es el ego más la ignorancia.

—Lo que sé me da dinero. Lo que no sé me hace perder dinero. Cada vez que he sido arrogante, he perdido dinero. Porque cuando soy arrogante, de verdad creo que lo que no sé, no es importante —el papá rico me decía a menudo.

—He descubierto que muchas personas utilizan la arrogancia para intentar esconder su propia ignorancia. Ocurre a menudo cuando discuto las declaraciones financieras con contadores o incluso con otros inversionistas. Tratan de envalentonarse durante la discusión. Para mí está claro que no saben de lo que están hablando. No mienten pero no están diciendo la verdad.

—Hay muchas personas en el mundo del dinero, finanzas e inversiones que no tienen la menor idea de lo que están hablando. La mayoría de las personas en la industria del dinero se limitan a expulsar proposiciones de venta como vendedores de automóviles usados.

Cuando sepa que desconoce un tema, empiece a educarse encontrando un experto en el tema o leyendo un libro sobre el asunto.

COMENZANDO

Capítulo Nueve

Comenzando

Me gustaría decir que resultó fácil hacerme rico, pero no fue así.

Así que en contestación a la pregunta "'¿Cómo empiezo?", les ofrezco la forma que tengo de pensar a diario. Es fácil encontrar grandes oportunidades de negocio. Se lo prometo. Es como andar en bicicleta. Después de tambalearse un poco resulta algo fácil. Pero en lo que respecta al dinero, la determinación para superar el tambaleo es una cosa personal.

Para encontrar el negocio del millón de dólares, la vida nos exige apelar a nuestro genio financiero. Creo que cada uno de nosotros tiene un genio financiero dentro. El problema es que nuestro genio financiero está dormido, esperando que lo despierten. Se queda dormido porque nuestra cultura nos ha educado a creer que el amor al dinero es la raíz de todos los males. Nos ha animado a que aprendamos una profesión para que podamos trabajar por dinero, pero no nos ha enseñado cómo hacer que el dinero trabaje para nosotros. Nos enseñó a no preocuparnos por nuestro futuro financiero, nuestra empresa o el gobierno cuidaría de nosotros cuando nos jubiláramos. Sin embargo, son nuestros hijos, educados en el mismo sistema escolar los que terminarán pagando. La recomendación todavía es trabajar duro, ganar dinero y gastarlo, y cuando se nos acabe siempre podemos pedir más prestado.

Desgraciadamente, el 90 por ciento del mundo occidental subscribe a esta teoría porque es más fácil encontrar un trabajo y trabajar por un sueldo. Si usted no forma parte de esa masa de gente, le ofrezco los siguientes diez pasos para despertar su genio financiero. Le ofrezco simplemente los pasos que he seguido personalmente. Si quiere seguir algunos de ellos, estupendo. Si no lo hace, invéntese los suyos. Su genio financiero es lo bastante inteligente para hacer su propia lista.

Cuando estaba en Perú, con un minero de oro de 45 años, le pregunté por qué él estaba tan seguro de encontrar la mina de oro. Él contestó: "hay oro por todas partes. La mayoría de las personas no se entrena para verlo".

Y creo que tiene razón. En lo que respecta a bienes raíces, puedo salir cualquier día y encontrar cuatro o cinco grandes oportunidades potenciales, mientras que la persona media saldrá y no encontrará nada. Incluso en el mismo barrio. La razón es que no se han tomado el tiempo para desarrollar su genio financiero.

Les ofrezco los siguientes diez pasos como un proceso para desarrollar las facultades que les ha dado Dios. Facultades que sólo usted puede controlar.

1. **NECESITO UNA RAZÓN SUPERIOR A LA REALIDAD:** El poder de espíritu. Si usted pregunta a la gente si le gustaría ser rica o financieramente libre, la mayoría dirá que sí. Pero entonces entra la realidad. El camino parece demasiado largo y con demasiados impedimentos que superar. Es más fácil trabajar por dinero y entregar lo que sobre a su agente de bolsa.

Una vez conocí a una joven que soñaba con nadar para el equipo olímpico de EE.UU. La realidad era que tenía que levantarse todas las mañanas a las cuatro de la mañana para nadar durante tres horas antes de ir a la escuela. No iba a las fiestas con sus amigos el sábado por la noche. Tenía que estudiar y mantener sus notas como todos los demás.

Cuando le pregunté qué la impulsaba a esa ambición tan sobrehumana, me contestó: "Lo hago por mí misma y por las personas que quiero. Es un amor que me ayuda a superar las barreras y los sacrificios".

Una razón o un propósito es una combinación de "necesidades" y de "cosas que no quiero". Cuando las personas me preguntan mi razón para querer ser rico, es una combinación de "necesidades" emocionales profundas y "cosas que no quiero".

Listaré algunas. Primero "lo que no quiero", porque son los que crean las necesidades. No quiero trabajar toda mi vida. No deseo a lo que aspiraban mis padres, que era seguridad en el trabajo y una casa en los suburbios. No me gusta ser un empleado. Odiaba que mi padre siempre se perdiera mi partidos de fútbol porque estaba tan ocupado con su carrera. Odiaba que mi padre hubiera trabajado duro toda su vida para que el gobierno se llevara una gran parte cuando murió. Ni siquiera pudo pasar los frutos de su arduo trabajo a sus herederos. Los ricos no hacen eso. Trabajan duro y dejan algo a sus herederos.

Ahora las necesidades. Quiero ser libre para viajar por el mundo viviendo el estilo de vida que me gusta. Quiero ser joven cuando haga esto. Quiero ser libre. Quiero controlar mi tiempo y mi vida. Quiero que el dinero trabaje para mí.

Estas son mis "necesidades" emocionales profundas. ¿Cuáles son las suyas? Si no son lo suficientemente fuertes, la realidad del camino por delante será mayor que sus necesidades. He perdido dinero y he ido hacia atrás muchas veces, pero fueron esas "necesidades" emocionales profundas las que me levantaron y me impulsaron a seguir adelante. Quería ser libre a los 40, pero me tomó hasta que tuve 47 con muchas experiencias de aprendizaje por el camino.

Como dije, me gustaría decirles que fue fácil. No lo fue, pero tampoco fue difícil. Pero sin una razón fuerte o propósito, todo en la vida es duro.

SI NO TIENE UN MOTIVO IMPORTANTE, NO TIENE SENTIDO QUE SIGA LEYENDO. PARECERÁ DEMASIADO TRABAJO.

2. **YO ELIJO A DIARIO:** El poder de elección. Es la razón principal por la que las personas quieren vivir en un país libre. Queremos el poder de poder elegir.

Con cada dólar que ganamos, tenemos el poder financiero para escoger nuestro futuro: ser ricos, pobres o de clase media. Nuestros hábitos de gasto reflejan quienes somos. Las personas pobres tienen hábitos pobres de gasto.

Una ventaja que tuve de pequeño es que me encantaba jugar al Monopoly. Nadie me dijo que el Monopoly era un juego sólo para niños y continué jugándolo de adulto. También tenía un papá rico que me señaló la diferencia entre un activo y un pasivo. Por eso desde hace mucho tiempo, cuando era un muchacho, escogí ser rico y supe que lo único que tenía que hacer era aprender a adquirir activos, verdaderos activos. Mi mejor amigo, Mike, heredó su columna de activos, pero tenía que aprender a guardarlos. Muchas familias ricas pierden sus activos en la siguiente generación porque nadie les enseñó a dirigir bien sus activos.

La mayoría de las personas escogen no ser ricas. Para el 90 por ciento de la población, ser rico es "demasiada molestia". Así que inventan frases como: "No estoy interesado en el dinero". O: "Nunca seré rico". O: "No tengo que preocuparme, todavía soy joven". O: "Cuando gane algún dinero, pensaré sobre mi futuro". O: "Mi marido/esposa se ocupa de las finanzas". El problema con esas frases es que roban a la persona dos cosas: una es tiempo, que es su activo más valioso, y otra es aprender. El que no tenga dinero, no debe ser una excusa para no aprender. Pero ésa es una elección que hacemos a diario, la elección de lo que queremos hacer con nuestro tiempo, nuestro dinero y lo que pensamos. Ése es el poder de elección. Todos podemos elegir. Yo elegí ser rico y decido eso todos los días.

INVIERTA PRIMERO EN EDUCACIÓN: En realidad, el único activo verdadero que tiene es su mente, la herramienta más poderosa que tenemos bajo nuestro dominio. Igual que lo que dije sobre el poder de elección, cada uno de nosotros tiene la opción de lo que pone en su cerebro cuando es mayor. Usted puede mirar MTV todo el día, o leer revistas de golf, o ir a clases de cerámica o a una clase de planificación financiera. Usted elige. La mayoría de las personas invierten en lugar de aprender primero a invertir.

A una amiga mía rica le robaron recientemente en su apartamento. Los ladrones se llevaron la televisión y el video, y dejaron todos sus libros. Todos tenemos esa opción. De nuevo, el 90 por ciento de la población compra aparatos de televisión y sólo un 10 por ciento compra libros de negocios o cintas sobre cómo invertir.

¿Y qué hago yo? Asisto a seminarios. Prefiero que duren más de dos días porque me gusta sumergirme en el asunto. En 1973 estaba viendo la televisión y apareció un tipo anunciando un seminario de tres día sobre cómo comprar bienes raíces sin depósito. Gasté $385 en ese curso que me ha hecho ganar por lo menos $2 millones, si no más. Pero aún más importante, me dio vida. No tengo que trabajar el resto de mi vida debido a ese curso. Todos los años asisto por lo menos a dos cursos de ese tipo.

Me encantan los casettes. El motivo: puedo rebobinarlas rápidamente. Estaba escuchando una cinta de Peter Lynch, y dijo algo con lo que no estaba nada de acuerdo. En lugar de ponerme arrogante y crítico, la rebobiné y escuché los cinco minutos de esa parte por lo menos una veintena de veces. Posiblemente más. Pero de repente, manteniendo la mente abierta, entendí por qué decía lo que decía. Fue como mágico. Sentía como si tuviera una ventana a la mente de uno de los mejores inversionistas de nuestra época. Gané una tremenda profundidad y visión en los inmensos activos de su educación y experiencia.

El resultado neto: todavía pienso como antes, pero también tengo la manera de Peter de ver el mismo problema o situación. Tengo dos formas de pensar en lugar de una. Una manera más de analizar un problema o tendencia, y eso no tiene precio. Hoy, me digo a menudo: ¿cómo haría eso Peter Lynch , o Donald Trump o Warren Buffett o George Soros? La única forma de tener acceso a su inmenso poder mental es ser lo suficientemente humilde para leer o escuchar lo que tienen que decir. Las personas arrogantes o críticas son generalmente personas de baja autoestima que tienen miedo de tomar riesgos. Y es que si ha aprendido algo nuevo, tiene que cometer errores para entender todo lo que ha aprendido.

Si usted ha leído hasta aquí, la arrogancia no es uno de sus problemas. Las personas arrogantes raramente leen o compran las cintas. ¿Y por qué deben comprarlas? Ellos son el centro del universo.

Hay tantas personas "inteligentes" que argumentan o defienden cuando una nueva idea choca con la forma que ellos piensan. En este caso, su supuesta "inteligencia" combinada con la "ignorancia" es igual a "arrogancia". Todos conocemos a personas muy educadas, o que se creen listas, pero su balance de situación pinta un cuadro diferente. Una persona verdaderamente inteligente acepta nuevas ideas, porque las nuevas ideas pueden agregar sinergia a las que ya tenemos. Escuchar es más importante que hablar. Si eso no fuera verdad, Dios no nos habría dado dos oídos y sólo una boca. Demasiadas personas piensan con la boca en lugar de escuchar para absorber nuevas ideas y posibilidades. Ellos argumentan en lugar de hacer preguntas.

Veo mi fortuna a largo plazo. No subscribo a la teoría de "hacerse rico rápidamente" que tienen la mayoría de los jugadores de lotería o los que van al casino. Puedo comprar y vender acciones, pero veo la educación a largo plazo. Si quiere pilotear un avión, le aconsejo que tome lecciones primero. Siempre me han asustado las personas que compran acciones o bienes raíces pero nunca han invertido en su activo más importante, su mente. Haber comprado una o dos casas no los hace expertos en bienes raíces.

3. ESCOJA A SUS AMIGOS CUIDADOSAMENTE: El poder de asociación.
   En primer lugar, no escojo a mis amigos por su estado financiero.

Tengo amigos que han hecho voto de pobreza y amigos que ganan millones todos los años. La cuestión es que aprendo de todos ellos, y me esfuerzo para aprender de ellos.

Aunque admito que he buscado a algunas personas porque tenían dinero. Pero no perseguía su dinero sino sus conocimientos. En algunos casos, estas personas ricas se han hecho buenos amigos míos, aunque no todos.

Pero hay una diferencia que quiero señalar. Me he dado cuenta de que mis amigos que tienen dinero siempre hablan de dinero. No es que se jacten de tenerlo. Es que están interesados en el asunto. Así que aprendo de ellos, y ellos aprenden de mí. A los amigos míos que tienen apuros financieros no les gusta hablar de dinero, de negocios o de inversiones. Opinan que es una grosería o que es muy poco intelectual. Así que también aprendo de mis amigos que luchan financieramente. Averiguo qué no debo hacer.

Tengo varios amigos que en poco tiempo han generado más de un billón de dólares. Los tres cuentan el mismo fenómeno: sus amigos que no tienen el dinero nunca les han preguntado cómo lo hicieron. Pero sí vienen pidiendo una de dos cosas, o ambas: 1. un préstamo, o 2. un trabajo.

UNA ADVERTENCIA: No escuche a los pobres o a los asustadizos. Tengo amigos así y los quiero mucho pero son pájaros de mal agüero en la vida. En lo que respecta al dinero y sobre todo a las inversiones, "el cielo siempre se está desplomando". Siempre le podrán decir por qué algo no funcionará. El problema es que la gente los escucha, pero las personas que aceptan ciegamente este fatalismo también son pájaros de mal agüero" Como dice el refrán, "Dios los cría y ellos se juntan".

Si ven el canal CNBC, que es una mina de oro de información sobre inversiones, tienen a menudo un panel de supuestos "expertos". Un experto dirá que el mercado se hunde y otro que está en alza. Si es inteligente los escucha a ambos. Mantenga abierta la mente porque los dos tienen algo de razón. Desgraciadamente, muchas personas pobres escuchan a los pájaros de mal agüero.

He tenido muy buenos amigos que me han tratado de convencer de que no hiciera un negocio o una inversión. Hace unos años, un amigo me dijo que estaba entusiasmado porque había encontrado un certificado de depósito al 6 por ciento. Le dije que yo ganaba un 16 por ciento del gobierno estatal. Al día siguiente me envió un artículo sobre por qué mi inversión era peligrosa. Llevo muchos años recibiendo el 16 por ciento, él todavía recibe un seis por ciento.

Me atrevería a decir que una de las mayores dificultades para hacer una fortuna es ser honesto con uno mismo y no seguir a la multitud. Porque en el mercado, generalmente la multitud es la ultima que llega tarde y la liquidan. Si la gran oportunidad está en los titulares en la mayoría de los casos ya es demasiado tarde. Busque otro negocio. Como decíamos cuando hacíamos surf : "Siempre hay otra ola". Los que corren para agarrar una ola son a los que generalmente tumban.

Los inversionistas inteligentes no cronometran los mercados. Si pierden una ola, buscan la próxima y se sitúan bien. Aunque sea difícil para muchos inversionistas porque les asusta comprar lo que no es popular. Los inversionistas tímidos son como ovejas que siguen al rebaño. O los vence la codicia cuando los buenos inversionistas ya han retirado sus ganancias y se han ido. Los buenos inversionistas compran cuando algo ya no es popular. Saben que las ganancias las hacen cuando compran, no cuando venden. Esperan pacientemente. Como ya dije, no cronometran el mercado. Hacen como los surfistas se sitúan para esperar la próxima ola.

Todo es "información privilegiada". Hay formas de "información privilegiada" legal e ilegal. De cualquier modo es "información privilegiada". La única diferencia es lo lejos que esté de esa "información privilegiada". El motivo por el que quiere tener amigos ricos es que están cerca de donde se hace el dinero. Se hace con información. Quieren saber sobre el próximo boom, para entrar y salir antes del próximo desplome. No estoy diciendo que lo hagan ilegalmente, pero cuanto antes lo sepan, mejor sus oportunidades de beneficios con un riesgo mínimo. Para eso están los amigos. Y eso es inteligencia financiera.

4. **DOMINE UNA TÉCNICA Y LUEGO APRENDA UNA NUEVA:** El poder de aprender rápidamente. Para hacer el pan, cada panadero sigue una receta, aunque la tenga en la cabeza. Lo mismo es verdad para ganar dinero. Por eso al dinero se le llama "pasta".

La mayoría hemos escuchado eso de "eres lo que comes". Yo tengo una versión diferente de ese dicho: "Te conviertes en lo que estudias". En otras palabras, cuidado con lo que estudie y aprenda, porque su mente es tan poderosa que se convertirá en lo que puso en su cabeza. Por ejemplo, si estudia cocina, tendrá tendencia a cocinar. Se hace cocinero. Si ya no quiere ser cocinero, necesitará estudiar otra cosa. Hablemos de un maestro. Después de estudiar enseñanza, a menudo se convierte en maestro. Y así sucesivamente. Escoja lo que desea estudiar cuidadosamente.

En lo que respecta al dinero, las masas generalmente tienen una fórmula básica que han aprendido en la escuela. Es decir, trabaje para ganar dinero. La fórmula que observo predomina en el mundo es que millones de personas se levantan diariamente, van a trabajar, ganan dinero, pagan sus cuentas, tratan de equilibrar sus gastos, compran algunos fondos de inversión y vuelven al trabajo. Es la fórmula básica, o receta.

Si está cansado de lo que hace o no gana lo suficiente, se trata de cambiar la fórmula por la que gana dinero.

Hace tiempo, cuando tenía 26 años, tomé un curso los fines de semana llamado "Cómo Comprar Propiedades Embargadas". Aprendí una fórmula. El truco era tener la disciplina para realmente hacer lo que había aprendido. Aquí es donde se detiene la mayoría de las personas. Durante tres años mientras trabajaba para Xerox, pasaba el tiempo libre aprendiendo el arte de comprar propiedades embargadas. Gané varios millones de dólares usando esa fórmula, pero hoy en día es demasiado lenta y hay demasiadas personas que la están usando.

Después de dominar esa fórmula, fui en busca de otras. Y aunque en algunas clases no usé la información que aprendí directamente, siempre aprendí algo nuevo.

He asistido a clases creadas para agentes de derivados, también otra clase para comerciantes de opción de materias primas y una clase para *chaologists*. No estaba a la altura de las circunstancias en un cuarto lleno de gente con doctorados en física nuclear y ciencia del espacio. No obstante aprendí mucho, lo que hicieron mis acciones y propiedades más importantes y lucrativas.

Muchas universidades ofrecen clases de planificación financiera y compra de inversiones tradicionales. Es un buen lugar para empezar.

Siempre busco una fórmula más rápida. Por eso, con regularidad gano más en un día que muchas personas en toda su vida.

Otra nota. En el mundo tan cambiante de hoy, ya no cuenta lo que sabe, porque a menudo lo que sabe es caduco. Sino cómo aprender rápido. Esa habilidad no tiene precio. No tiene precio encontrar fórmulas —recetas — más rápidas, si quiere hacer pasta. Trabajar duro para ganar dinero es una fórmula vieja del tiempo de los hombres de las cavernas.

5. **PÁGUESE PRIMERO:** El poder de la autodisciplina. Si no se puede auto-controlar, no intente hacerse rico. Quizás le convendría primero enlistarse en los Marines o en alguna orden religiosa para aprender a controlarse. No tiene ningún sentido invertir, ganar dinero y dilapidárselo. La falta de autodisciplina es el motivo por el que los ganadores de lotería se arruinan poco después de haber ganado millones. La falta de autodisciplina es la causa por la que las personas, en cuanto consiguen un aumento de sueldo, se compran un automóvil nuevo o hacen un crucero.

De los diez pasos, es difícil decir cuál es el más importante. Pero de todos, éste sea quizás el más difícil de alcanzar si no es parte de su disposición. Me aventuraría a decir que la falta de autodisciplina es el factor principal que separa a los ricos de los pobres y de la clase media.

En pocas palabras, las personas con autoestima baja y poca tolerancia para la presión financiera nunca podrán, y quiero decir nunca, ser ricos. Como ya dije, una de las lecciones que aprendí de mi papá fue que "el mundo dará golpes". El mundo te dará golpes no porque los demás sean unos matones sino porque al individuo le falta control interior y disciplina. Las personas que no tienen fortaleza interior a veces se convierten en víctimas de los que tienen autodisciplina.

En las clases de empresariado que imparto, recuerdo siempre a las personas que no se centren en su producto, servicio o artilugio sino en desarrollar habilidades para dirigir. Las tres habilidades más importantes de gestión para empezar su propio negocio son:

1. La gestión del flujo del dinero.
2. La gestión de las personas.
3. La gestión del tiempo personal.

Diría que estas tres habilidades son aplicables a todo, no sólo a los empresarios. Las tres son importantes en cómo vive su vida como individuo, o como parte de una familia, un negocio, una organización caritativa, una ciudad o una nación.

Cada una de estas habilidades se refuerza con el dominio de la autodisciplina. No me tomo a la ligera eso de "páguese primero".

La frase es del libro *El hombre más rico en Babilonia,* de George Classen. Se han vendido millones de copias. Pero aunque millones de personas repiten sin recato esa poderosa frase, pocos siguen su consejo. Tal como dije, la alfabetización financiera permite entender los números, y los números cuentan la historia. Mirando la declaración de renta y balance de situación puedo ver rápidamente si las personas que proclaman "páguese usted primero" practican lo que predican.

Un cuadro vale mil palabras. Así que comparemos de nuevo las declaraciones financieras de los que se pagan primero con alguien que no lo hace.

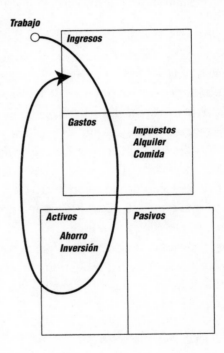

Las personas que se pagan primero

Estudie los diagramas y fíjese si usted puede ver alguna diferencia. De nuevo, tiene que ver con comprender el flujo de dinero en efectivo comprensivo que cuenta la historia. La mayoría da la mirada a los números pero pierde la historia. Si de verdad empieza a entender el poder de flujo de dinero comprenderá rápidamente lo que está mal con el cuadro de la próxima página o por qué el 90 por ciento de la gente trabajan duro todos los días.

¿Lo ve? El diagrama anterior refleja las acciones de alguien que escoge pagarse primero. Cada mes, asignan dinero a su columna de activos antes de pagar sus gastos mensuales. Aunque millones de personas han leído el libro de Classen y entienden la frase "páguese primero", en realidad se pagan últimos.

Ahora oigo los gritos de los que sinceramente creen que hay que pagar primero las cuentas. Y puedo escuchar a todas las personas "responsables" que pagan sus facturas a tiempo. No les digo que sean irresponsables y no pague sus cuentas. Todo lo que les digo es que hagan lo que dice el libro "páguese usted primero". Y el diagrama de arriba representa contadormente esa acción. No el que sigue.

Alguien que paga a todos los demás primero– A menudo no le queda nada.

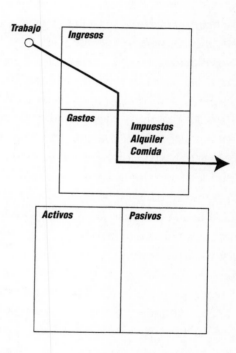

Mi esposa y yo hemos tenido muchos tenedores de libros, contadores y banqueros que han tenido grandes problemas por esta manera de pensar de "pagarse primero" . La razón es que estos profesionales financieros hacen lo que los demás, y por eso se pagan los últimos. Pagan primero a todos los demás.

Ha habido meses en mi vida, que por diversas razones el flujo de dinero era inferior al de mis cuentas. Y aun así me pagué primero. Mi contador y tenedor de libros me gritaron aterrados. "Te van a investigar. Hacienda te va a meter en la cárcel". "Te vas a estropear tu "clasificación crediticia". "Te cortarán la electricidad". Aun así me pagué primero.

"¿Por qué?", preguntarán. Porque de eso trataba *El hombre más rico de Babilonia*. El poder de autodisciplina y el poder de fortaleza interior. Tenerlos bien puestos, dicho menos elegantemente. Tal como me enseñó mi papá rico el primer mes que trabajé para él, la mayoría de las personas permiten que el mundo los golpee. Un cobrador lo llama diciendo "o paga o si no . . .". Así que paga y no se paga. Un vendedor le dice: "Oh, cárguelo a su tarjeta de crédito". Su agente inmobiliario le dice que "adelante, el gobierno permite desgravar su casa". De todo esto trata el libro. Tener la fortaleza para ir contra la marea y hacerse rico. Usted puede no ser débil, pero respecto al dinero, muchas personas se intimidan.

No les digo que sean irresponsables. El motivo por el que no tengo mucha deuda en mi tarjeta de crédito es porque quiero pagarme primero. La razón por la que minimizo mis ingresos es porque no quiero pagarle al gobierno. Por eso, para aquellos de ustedes que hayan visto el video *Los secretos de los ricos*, mi ingreso viene de mi columna de activos, a través de una corporación de Nevada. Si trabajo por dinero, el gobierno me lo quita.

Aunque pago mis facturas a lo último, soy lo suficientemente astuto financieramente para no meterme en una situación financiera difícil. No me gusta la deuda personal. De hecho tengo pasivos más altos que el 99 por ciento de la población, pero no las pago; otras personas pagan mis pasivos. Se llaman arrendatarios. Así que la primera regla de pagarse primero es no meterse en deudas. Aunque pago mis cuentas a lo último, lo preparo para sólo tener que pagar las facturas más insignificantes.

En segundo lugar, cuando ocasionalmente me falta dinero, todavía me pago primero. Dejo que mis acreedores, e incluso el gobierno, me griten. Me gusta cuando se ponen duros. ¿Por qué? Porque me hacen un favor. Me inspiran a salir y crear más dinero. Así que me pago primero, invierto el dinero, y permito que me griten los acreedores. De todas formas generalmente les pago enseguida. Mi esposa y yo tenemos un crédito excelente. Lo que no hacemos es rendirnos ante la presión y gastar nuestros ahorros o liquidar acciones para pagar nuestra deuda personal. Eso no es demasiado inteligente financieramente.

Así que la respuesta es:

1. No se meta en grandes deudas que tenga que pagar. Mantenga bajo sus gastos. Construya primero los activos. Entonces, compre la casa grande o el automóvil bueno. Quedarse atascado en la carrera de la rata no es inteligente.

2. Cuando le falte, permita que suba la presión y no toque sus ahorros o inversiones. Utilice esa presión para inspirar a su genio financiero a idear nuevas formas de ganar más dinero y entonces pague sus facturas. Habrá aumentado su habilidad para ganar más dinero así como su inteligencia financiera.

Ha habido tantas veces en que he tenido apuros financieros, y he utilizado mi cerebro para crear más ingreso, defendiendo a capa y espada mi columna de activo. Mi contador ha gritado y ha corrido a esconderse, pero yo actuaba como un buen soldado de caballería que defiende el fuerte, el fuerte de los activos.

Los pobres tienen hábitos pobres. Un mal hábito, bastante extendido, se denomina inocentemente "tocar los ahorros". El rico sabe que los ahorros sólo se usan para crear más dinero, no para pagar las facturas.

Sé que suena duro, pero como dije, si no es duro por dentro, el mundo siempre lo golpeará sin remedio.

Si no le gusta la presión financiera, encuentre una fórmula que funcione para usted. Una buena es recortar gastos, poner su dinero en el banco, pagar más de lo debido en impuesto sobre la renta, comprar fondos de inversión seguros y aceptar ser promedio. Pero eso viola la regla de "pagarse usted primero".

Esta regla no alienta el sacrificio personal o la abstinencia financiera. No significa pagarse primero y morirse de hambre. La vida es para disfrutarla. Si llama a su genio financiero, puede tener todos los caprichos que quiera, hacerse rico y pagar facturas sin sacrificar la buena vida. Y eso es inteligencia financiera.

6. **PAGUE BIEN A SUS AGENTES:** El poder del buen asesoramiento. Frecuentemente veo a gente que pone un cartel delante de sus casas que dice: "A la Venta por su Propietario". O veo en la televisión a muchas personas que dicen ser "agente con descuento".

Mi papá rico me enseñó lo contrario. Creía en pagar bien a los profesionales, y yo también he adoptado esa política. Hoy por hoy tengo abogados, contadores, agentes inmobiliarios y corredores de bolsa caros. ¿Por qué? Porque sí, porque son profesionales y sus servicios deben proveerles dinero. Y cuanto más dinero ganan ellos, más dinero gano yo.

Vivimos en la Era de la Información. La información no tiene precio. Un buen corredor debe proporcionarle información y tomarse el tiempo para educarlo. Tengo varios corredores que están dispuestos a hacer eso conmigo. Algunos me enseñaron cuando tenía poco o ningún dinero, y hoy todavía sigo con ellos.

Lo que pago a un corredor es diminuto comparado con el dinero que puedo ganar por la información que me proporcionan. Me encanta que mi agente inmobiliario o corredor de bolsa ganen mucho dinero. Porque, lógicamente, significa que he ganado mucho dinero.

Un buen corredor me ahorra tiempo además de hacerme dinero—como cuando compré un terreno por $9,000 y lo vendí inmediatamente por más de $25,000, para poder comprarme el Porsche.

Un corredor es sus ojos y sus oídos en el mercado. Están allí todos los días para que no tenga que estar yo. Prefiero jugar al golf.

Por eso, las personas que venden su propia casa no deben valorar mucho su tiempo. ¿Para qué quiero ahorrarme unos dólares cuando puedo usar ese tiempo para ganar más dinero o gastarlo con aquéllos que quiero? Lo que me hace gracia es la cantidad de gente pobre o de clase media que insiste en dar una propina a los camareros del 15 al 20 por ciento, incluso por un mal servicio, y se quejan de tener que pagar de un tres a un siete por ciento a un corredor. Prefieren dar propina a las personas en la columna de gastos y recortar a los de la columna de activos. Eso no es financieramente inteligente.

Todos los corredores no fueron creados iguales. Desgraciadamente, la mayoría de los corredores son sólo vendedores. Diría que los peores son los agentes inmobiliarios.

Se dedican a vender pero ellos poseen pocas —o ninguna— propiedades. Hay una tremenda diferencia entre un agente que vende casas y uno que vende inversiones. Y eso es verdad para acciones, bonos, fondo de inversión y agentes de seguros que se llaman planificadores financieros. Como en el cuento de hadas, hay que besar muchas ranas para encontrar un príncipe. Recuerde ese refrán que dice: "En casa de herrero, cuchillo de palo".

Cuando entrevisto a cualquiera profesional que cobra averiguo primero cuántas propiedades o acciones posee y qué porcentaje paga en impuestos. Y eso lo aplico a mi abogado especializado en derecho fiscal así como a mi contador. Tengo una contadora que tiene su propio negocio. Su profesión es la de contadora, pero su negocio es el de bienes raíces. Tenía un contador de pequeñas empresas pero no tenía ninguna propiedad. Lo cambié porque no nos gustaba el mismo negocio.

Busque a un agente que pusiera sus intereses por delante. Muchos agentes se tomarán el tiempo para educarlo y eso puede ser el mejor activo que haya encontrado. Sencillamente, sea justo y la mayoría será justa con usted. Si lo único que piensa es cómo rebajar sus comisiones, ¿por qué van a querer quedarse con usted? Es simple lógica.

Como dije anteriormente, una de las habilidades de gestión es la gestión de las personas. Muchas personas sólo saben manejar a aquellos que consideran menos inteligentes o que tienen menos poder que ellos, como los subordinados en una situación de trabajo. Muchos gerentes intermedios continúan como gerentes intermedios, sin promocionarse porque saben trabajar con sus subordinados pero no con sus superiores. La verdadera habilidad es manejar y pagar bien a las personas que tienen más conocimientos técnicos que usted. Por eso las compañías tienen un consejo de administración. Usted también debería tener uno. Eso es inteligencia financiera.

7. **SEA UN DADOR "INDIO":** Esto es el poder de conseguir algo por nada. Cuando los primeros colonos blancos vinieron a América les asombró una costumbre que tenían algunos indios americanos. Por ejemplo, si un colono tenía frío, el indio le daba una manta. Creyéndose que era un regalo, el colono se ofendía a menudo cuando el indio se la pedía de vuelta.

Los indios también se molestaron cuando comprendieron que los colonos no querían devolvérsela. De ahí proviene el término "dador indio". Una simple confusión cultural.

En el mundo de la "columna del activo", ser un dador indio es vital para la riqueza. La primera pregunta del inversionista sofisticado es: "¿Cuán rápido me devuelven el dinero?" También quiere saber lo que consigue gratis, también denominado "pedazo de la acción". Por eso el ROI, o rendimiento retorno de la inversión, es tan importante.

Por ejemplo, a unas cuadras de donde vivo, encontré un pequeño condominio que estaba embargado. El banco pedía $60,000 e hice una oferta por $50,000, que aceptaron simplemente porque, junto con mi oferta, había un cheque de caja por $50,000. Comprendieron que iba en serio. Muchos inversionistas dirían que estaba atando mucho dinero en efectivo. ¿No sería mejor conseguir un préstamo por esta cantidad? La respuesta en este caso es no. Mi compañía de inversiones la alquila durante cuatro meses de invierno, cuando los que huyen del frío vienen a Arizona, por $2,500 mensuales. Fuera de temporada la alquilamos por sólo $1,000 por mes. Recuperé mi dinero en aproximadamente tres años. Ahora soy propietario de este activo que me proporciona dinero todos los meses.

Hago lo mismo con las acciones. A menudo me llama mi agente de bolsa para recomendarme que compre las acciones de una compañía que piensa va a subir en la Bolsa por algún motivo, como por ejemplo el lanzamiento de un nuevo producto. Invierto mi dinero durante una semana mientras suben las acciones. Entonces, saco mi inversión inicial de dólares y dejo de preocuparme por las fluctuaciones del mercado, porque tengo mi inversión inicial y está lista para conseguir otros activos. Así que mi dinero entra y sale, y luego tengo un activo prácticamente gratis.

Es verdad que he perdido dinero en muchas ocasiones. Pero sólo juego con el dinero que puedo permitirme el lujo de perder. Diría que de diez inversiones, gano en dos o tres, cinco o seis se mantienen, y en dos o tres pierdo. Pero limito mis pérdidas al dinero que tengo invertido en ese momento.

Los que odian el riesgo meten su dinero en el banco. Y a la larga, los ahorros son mejores que nada. Pero toma mucho tiempo recuperar el dinero y en la mayoría de los casos no le regalan nada. Antes regalaban tostadoras, pero ya casi no lo hacen.

En cada una de mis inversiones tiene que haber alguna ventaja, algo gratuito. Un condominio, un pequeño almacén, un terreno gratis, una casa, acciones, un edificio de oficinas. Y debe limitarse el riesgo, una idea de bajo riesgo. Hay libros consagrados completamente a este tema en el que no entraré aquí. Ray Kroc, famoso por McDonald's, vendía franquicias de hamburguesa, no porque le gustaran las hamburguesas sino porque quería los bienes raíces bajo la franquicia gratuitamente.

Así que los inversionistas sofisticados deben buscar algo más que el ROI:

los activos que consiguen gratis una vez que les devuelven el dinero. Eso es inteligencia financiera.

8. **LOS ACTIVOS COMPRAN LOS LUJOS:** El poder de concentrarse. El hijo de un amigo mío estaba desarrollando la mala costumbre de gastarse todo el dinero. Con sólo 16 años quería, naturalmente, su propio automóvil. Su excusa era que los padres de todos sus amigos habían regalado un automóvil a sus hijos. El niño quiso sacar dinero de sus ahorros para dar una seña. Ahí fue cuando me llamó su padre.

"¿Crees que debería dejárselo hacer, o hago lo que hacen los otros padres y le compro un automóvil?"

A lo que respondí: "¿Puedes mejorar la presión a corto plazo, pero qué le estás enseñando a largo plazo? ¿Puedes usar este deseo de tu hijo de tener un automóvil e inspirar a tu hijo a que aprenda algo?" De repente se le iluminó la mente y se fue deprisa a su casa.

Dos meses después me encontré de nuevo con mi amigo. "¿Tiene tu hijo su nuevo automóvil?", le pregunté.

—No, no lo tiene. Pero le di $3,000 para el automóvil. Y le dije que usara mi dinero en lugar de su dinero para la universidad.

—Vaya, qué generosidad —dije.

—En verdad no. El dinero venía con una condición. Seguí tu consejo de utilizar su deseo de comprar un automóvil nuevo y usar esa energía para que pudiera aprender algo.

—¿Y cuál fue la condición? —pregunté.

—Bueno, primero sacamos otra vez tu juego, *CASHFLOW*. Jugamos y hablamos largo y tendido sobre cómo usar el dinero inteligentemente. Le regalé una suscripción al *Wall Street Journal* y unos libros sobre la Bolsa de Valores.

—Y ¿qué pasó? —pregunté—. ¿Cuál era la condición?

—Le dije que los $3,000 eran suyos, pero no podía gastárselos en comprar un automóvil. Podía usarlos para comprar y vender acciones, encontrar su propio agente de bolsa, y una vez que consiguiera $6,000, los $3,000 serían suyos para el automóvil y los $3,000 restantes serían para sus gastos de universidad.

—¿Y cuáles son los resultados?

—Pues al principio tuvo suerte con sus adquisiciones, pero perdió todo lo que ganó unos días después. Entonces, realmente se interesó. Hoy, diría que tiene $2,000 menos, pero su interés ha crecido. Ha leído todos los libros que le compré y ha ido a la biblioteca para conseguir más. Lee vorazmente el *Wall Street Journal*, buscando consejos y mira CNBC en lugar de MTV. Sólo le quedan $1,000, pero su interés por aprender está por las nubes. Sabe que si pierde ese dinero caminará durante dos años más. Pero parece no preocuparle. Incluso conseguir un automóvil parece no preocuparle porque ha encontrado un juego que es más divertido.

—¿Qué pasa si pierde todo el dinero? —pregunté.

Cruzaremos ese puente cuando lleguemos a él. Prefiero que lo pierda todo ahora en lugar de esperar a que tenga nuestra edad y se arriesgue a perderlo todo. Y además, son los mejores $3,000 que haya gastado jamás en su educación. Lo que está aprendiendo le servirá de por vida, y parece haber aprendido a respetar el poder del dinero. Pienso que dejará de despilfarrar el dinero.

Como dije en la sección de "Páguese primero", si una persona no puede dominar el poder de la autodisciplina, es mejor no intentar hacerse rico. Pues aunque el proceso de desarrollar el flujo del dinero de la columna de activos es en teoría fácil, es tener la fortaleza mental para dirigir el dinero lo que es duro. Debido a las tentaciones externas, es más fácil en el mundo del consumidor de hoy sacarlo fuera de la columna de gastos. Debido a la poca fortaleza mental, el dinero fluye por los caminos de menor resistencia. Ésa es la causa de pobreza y la lucha financiera.

Di este ejemplo numérico de inteligencia financiera, en este caso la habilidad de dirigir el dinero para ganar más dinero:

Si diéramos a 100 personas $10,000 a principios de año, sospecho que a finales de año:

- 80 no tendría ninguna inversión. De hecho, muchos tendrían mas deudas habiendo comprado a plazos un nuevo automóvil, refrigerador, televisión, video, unas vacaciones.
- 16 habrían aumentado esos $10,000 de un 5 a un 10 por ciento.
- 4 lo habrían aumentado a $20,000 o en millones.

Vamos a la escuela a aprender una profesión para poder trabajar por dinero. Es mi opinión que también es importante aprender a que el dinero trabaje para usted.

Me encanta el lujo como a cualquiera. La diferencia es que muchos compran el lujo a crédito. La trampa de hacer lo que hace el vecino. Cuando quería comprarme un Porsche, lo más fácil hubiera sido llamar a mi banquero y pedirle un préstamo. En lugar de escoger centrarme en mi columna de pasivos, escogí centrarme en la columna de activos.

Tengo como hábito utilizar mis deseos de consumir para inspirar y motivar a mi genio financiero a invertir.

Demasiado a menudo nos centramos en pedir dinero prestado para conseguir las cosas que queremos en lugar de centrarnos en crear el dinero. Es más fácil a corto plazo, pero más difícil a largo plazo. Es un mal hábito que practicamos como individuos y como nación. Recuerden que el camino fácil se pone a menudo difícil y viceversa.

Cuanto antes se entrene a usted mismo y a los que quiere a controlar el dinero, mejor será. El dinero es una fuerza poderosa. Desgraciadamente, las personas usan el poder del dinero contra ellos. Si su inteligencia financiera es limitada, el dinero lo arrollará. Será más inteligente que usted. Si el dinero es más inteligente que usted, trabajará para él toda su vida.

Para ser el amo del dinero, necesita ser más inteligente que él. Entonces el dinero hará lo que usted le ordene. Le obedecerá. En lugar de ser su esclavo, usted será su amo. Eso es inteligencia financiera.

9. **LA NECESIDAD DE HÉROES:** El poder del mito. Cuando era un niño admiraba muchísimo a Willie Mays, Hank Aaron y Yogui Berra. Eran mis héroes. Como jugador de las Pequeñas Ligas quería ser como ellos. Coleccionaba sus tarjetas del béisbol. Quería saber todo sobre ellos. Me sabía las estadísticas, sus carreras impulsadas, las carreras limpias permitidas, sus promedios de bateo, cuánto cobraban, y cómo habían subido de las Ligas Menores. Quería saber todo porque quería ser como ellos.

Con 9 o 10 años, siempre que iba a batear o jugaba de primera base o receptor, yo no era yo. Era Yogui o Hank. Es una de las maneras más poderosas de aprender que perdemos a menudo con la edad. Perdemos a nuestros héroes. Perdemos nuestra inocencia.

Hoy veo cómo juegan al básquetbol los jóvenes cerca de mi casa. En la cancha no son Juanito; son Michael Jordan, el caballero Charles o Clyde. Copiar o emular a los héroes es un aprendizaje poderoso. Y por eso cuando alguien como O.J. Simpson cae en desgracia, hay una protesta tan enérgica.

Es más que un juicio en los tribunales. Es la pérdida de un héroe. Alguien con quien las personas crecieron, admiraron y a quienes quieran parecerse. De repente necesitamos librarnos de esa persona.

A medida que me hago mayor tengo nuevos héroes. Tengo héroes de golf como Peter Jacobsen, Fred Couples y Tiger Woods. Imito su swing y leo todo lo que puedo sobre ellos. También tengo héroes como Donald Trump, Warren Buffett, Peter Lynch, George Soros y Jim Rogers. A mi edad conozco sus logros como conocía las estadísticas, las carreras limpias permitidas, las carreras impulsadas de mis héroes de béisbol. Me intereso en qué invierte Warren Buffett y leo todo lo que puedo sobre su visión del mercado. Leí el libro de Peter Lynch para entender cómo escoge las acciones. Y leí sobre Donald Trump, intentando averiguar cómo negocia y organiza operaciones.

De la misma manera que no era yo cuando iba a batear, cuando estoy en el mercado o estoy negociando un trato, estoy actuando inconscientemente con la valentía de Trump. O al analizar una tendencia, la veo como lo haría Peter Lynch. Teniendo héroes, penetramos en una fuente enorme de genio puro.

Pero los héroes hacen algo más que inspirarnos. Los héroes hacen que las cosas parezcan fáciles. Ese hacerlo parecer fácil nos persuade a querer ser como ellos. "Si ellos pueden hacerlo, también puedo yo".

En lo que respecta a la inversión hay demasiadas personas que lo hacen parecer difícil. En cambio, busque héroes que lo hagan parecer fácil.

10. **ENSEÑE Y RECIBIRÁ:** El poder de dar. Mis dos papás eran maestros. Mi papá rico me enseñó una lección que he empleado toda mi vida, y era la necesidad de ser caritativo o dar. Mi papá educado dio mucho tiempo y conocimiento, pero casi nunca regaló dinero. Como ya dije, normalmente decía que lo daría cuando le sobrara. Raramente, claro, sobraba algo.

Mi papá rico dio dinero así como educación. Creía firmemente en "si usted quiere algo, primero necesita dar", repetía siempre. Cuando estaba corto de dinero, daba dinero a su iglesia o a su caridad preferida.

Si pudiera dejarles una sola idea sería ésta. Siempre que le falte o tenga necesidad de algo, dé lo que quiera primero y regresará a raudales. Eso es verdad para el dinero, una sonrisa, el amor, la amistad. Sé que es lo último que una persona quiere hacer, pero siempre ha funcionado para mí. Confío en que el principio de reciprocidad es verdad, y doy lo que quiero. Quiero dinero, doy dinero, y vuelve multiplicado. Quiero ventas, ayudo a alguien a vender algo, y las ventas vienen a mí. Quiero contactos y ayudo a alguien a conseguir contactos, y como magia, los contactos vienen a mí. Escuché hace años una frase que decía: "Dios no necesita recibir, pero los humanos necesitan dar".

Mi papá rico decía a menudo que los pobres son más codiciosos que los ricos. Explicaba que si una persona era rica era porque estaba proporcionando algo que otras personas necesitaban. Durante toda mi vida siempre que me he sentido necesitado y me ha faltado algo de dinero o de ayuda, he buscado en mi corazón lo que quería y he decidido darlo primero. Y cuando di, siempre regresó.

Me recuerda la historia del tipo que está sentado con leña en los brazos en una noche helada y fría, y le grita a la estufa: "Cuando me des calor te pondré madera dentro". Y en lo que respecta al dinero, amor, felicidad, ventas y contactos, lo único que hay que recordar es dar lo que uno quiere y volverá a raudales. A menudo sólo el proceso de pensar lo que quiero y cómo puedo dárselo a otro, libera un torrente de beneficios. Cuando siento que la gente no me sonríe, sonrío y saludo a todos, y como si se tratara de magia, de repente todos a mi alrededor empiezan a sonreír. Verdaderamente, el mundo es sólo un espejo de usted.

Por eso digo: "Enseña y recibirás". He descubierto que cuanto más enseño a los que quieren aprender, más aprendo yo. Si quiere aprender sobre el dinero, enseñe a otra persona. Un torrente de nuevas ideas y de distinciones llegarán.

Hay veces que he dado sin recibir nada o he recibido lo que no quería. Pero después de una inspección más profunda y de mirar mi alma, en esos casos daba para recibir en lugar de dar por dar.

Mi papá enseñó a maestros y se convirtió en un maestro ejemplar. Mi papá rico siempre enseñó a los jóvenes su manera de hacer negocios. Mirando hacia atrás, fue su generosidad con lo que ellos sabían lo que los hizo más inteligentes. Hay poderes en este mundo mucho más inteligentes que nosotros. Puedes llegar allí solo, pero es más fácil con la ayuda de los poderes que son. Lo único que necesita es ser generoso con lo que tiene, y los poderes serán generosos con usted.

Capítulo Diez

¿Todavía quiere más? Algunas cosas para hacer

Puede haber muchas personas que no estén satisfechas con mis diez pasos. Estas personas los ven más como filosofía que como acción. Opino que entender la filosofía es tan importante como entender la acción. Hay muchas personas que quieren actuar en lugar de pensar, y hay personas que piensan pero no actúan. Yo diría que yo soy ambas cosas. Me encantan las nuevas ideas y la acción.

Así que para aquellos que quieren "cosas para hacer" para empezar, compartiré con ustedes algunas de las cosas que yo hago, en forma abreviada.

- Deje de hacer lo que está haciendo. En otros términos, tómese un descanso y evalúe lo que está funcionado y lo que no. La definición de la locura es hacer la misma cosa y esperar un resultado diferente. Pare de hacer lo que no funciona y busque algo nuevo que hacer.
- Busque nuevas ideas. Para buscar nuevas ideas de cómo invertir, yo voy a las librerías y busco libros de temas diferentes y únicos. Los llamo las fórmulas. Compro libros de instrucción sobre cosas de las que no sé nada. Por ejemplo, fue en la librería que encontré el libro

La solución del 16 por ciento, por Joël Moskowitz. Compré el libro y lo leí.

¡ACTÚE! El jueves siguiente hice exactamente lo que decía el libro. Paso a paso. También he hecho eso para encontrar gangas de bienes raíces en las oficinas de abogados y en los bancos. La mayoría de las personas no toma acción o deja que alguien los retenga de poner en práctica la nueva fórmula que están estudiando. Mi vecino me dijo por qué el 16 por ciento no funcionaría. Yo no lo escuché porque él nunca lo había probado.

- Busque a alguien que haya hecho lo que usted quiere hacer. Invítelo a almorzar. Pídale consejos, pequeños trucos del negocio. En cuanto a los certificados de embargo fiscal al 16 por ciento, fui a la oficina recaudatoria del condado y encontré a una funcionaria que trabajaba en la oficina. Averigüé que ella también había invertido en certificados de embargo fiscal. Inmediatamente, la invité a almorzar. Le fascinó contarme todo lo que sabía y cómo debía hacerlo. Después del almuerzo, se pasó toda la tarde explicándome todo. Al día siguiente encontré dos grandes propiedades con su ayuda y desde entonces he estado acumulando un interés del 16 por ciento. Tardé un día en leer el libro, un día para actuar, una hora para el almuerzo, y un día para adquirir dos grandes negocios.
- Tome clases y compre cintas de cassette. Yo busco en los periódicos clases nuevas e interesantes. Muchas son gratuitas o cuestan poco. También asisto y pago por seminarios caros de lo que quiero aprender. Soy rico y no necesito un trabajo gracias a los cursos que he tomado. Tengo amigos que no tomaron esas clases que me dijeron que estaba tirando el dinero, ellos todavía siguen en el mismo trabajo.
- Haga muchas ofertas. Cuando quiero una propiedad veo muchas propiedades y generalmente hago una oferta. Si usted no sabe lo que es una buena oferta, yo tampoco. Ese es el trabajo del agente inmobiliario. Ellos hacen las ofertas. Yo hago el menor trabajo posible.

Una amiga quería que le mostrara cómo comprar casas de apartamentos. Así que un sábado ella, su agente y yo fuimos a ver seis casas de apartamentos. Cuatro eran espantosas, pero dos eran buenas. Le dije que hiciera una oferta por las seis, ofreciendo la mitad de lo que los dueños pedían. A ella y al agente casi les da un ataque cardíaco. Pensaron que era una grosería y que yo podía ofender a los vendedores, pero creo verdaderamente que el agente no quería trabajar demasiado. Así que no hicieron nada y siguieron buscando una mejor oportunidad.

No hicieron ninguna oferta y esa persona todavía está buscando el negocio correcto al precio correcto. Bien, usted nunca sabrá cuál es el precio correcto hasta que haya otra persona que quiera participar. La mayoría de los vendedores piden demasiado. Es raro que un vendedor pida un precio inferior al valor de la propiedad.

Moraleja de la historia: Haga ofertas. Las personas que no son inversionistas no tienen idea de lo que se siente cuando se está intentando vender algo. Yo he tenido un terreno que quise vender durante meses. Habría aceptado cualquier cosa. No me importaría lo bajo que fuera el precio. Podrían ofrecerme diez cerdos y me habría contentado. No por la oferta, sino porque alguien estuviera interesado. Quizás lo habría negociado a cambio de una granja de cerdos. Pero así es el juego. El juego de comprar y vender es divertido. Tenga presente eso. Es divertido y sólo es un juego. Haga ofertas. Alguien podría decir "sí".

Y siempre hago las ofertas con las cláusulas de escape. En bienes raíces, hago una oferta con las palabras "sujeto a la aprobación del socio comercial". Pero nunca especifico quién es el compañero comercial. La mayoría de las personas no saben que mi socio es mi gato. Si ellos aceptan la oferta, y yo no quiero el trato, llamo a mi casa y hablo con mi gato. Digo esta tontería para ilustrar lo absurdamente fácil y simple que es el juego. Demasiadas personas hacen las cosas demasiado difíciles y se las toman demasiado en serio.

Encontrar un buena oportunidad, el negocio correcto, las personas correctas, los inversionistas correctos, o lo que sea, es como salir de citas. Usted debe ir al mercado y hablar con muchas personas, hacer muchas ofertas, contraofertas, negociaciones, rechazos y aceptación. Conozco a muchos solteros que se sientan en casa a esperar que suene el teléfono, pero a menos que usted sea Cindy Crawford o Tom Cruise, pienso que sería mejor que vaya al mercado, aunque sólo sea el supermercado. La búsqueda, la oferta, el rechazo, negociar y aceptar son partes del proceso de casi todo en la vida.

- Corra, camine, conduzca a cierta área una vez por mes durante diez minutos. He encontrado algunas de mis mejores inversiones inmobiliarias mientras corría. Correré por un cierto barrio durante un año. Lo que busco es el cambio. Para que haya ganancia en un negocio debe haber dos elementos: una ganga y un cambio. Hay muchas gangas, pero es el cambio lo que convierte una ganga en una oportunidad aprovechable. Así, cuando corro, corro por un barrio en el que me gustaría invertir. Es la repetición la que me hace notar los pequeños cambios. Me fijo en los carteles de venta que llevan puestos mucho tiempo. Eso significa que el vendedor podría estar más conforme en hacer negocio. Busco los camiones de mudanza, entrando o saliendo. Me detengo y hablo con los choferes. Y hablo con los carteros. Es asombroso cuánta información saben sobre una zona.

Encuentro una mala zona, especialmente una zona de la cual la gente haya huido por las noticias. Paso en coche varias veces al año esperando las señales de que algo está mejorando. Hablo con los minoristas, especialmente los nuevos, y averiguo por qué se están instalando. Tardo sólo unos minutos al mes, y lo hago mientras hago otras cosas, como ejercicio o compras.

- En cuanto a las acciones, me gusta el libro de Peter Lynch *Beating the Street* por su fórmula para elegir acciones que aumentan en valor. He descubierto que los principios de encontrar el valor son los mismos, ya sean propiedades, acciones, fondos de inversión, nuevas compañías, un nueva mascota, una nueva casa, un nuevo esposo o una oferta de detergente.

El proceso siempre es el mismo. ¡Usted necesita saber lo que busca y entonces ir a por ello!

- Por qué los consumidores siempre serán pobres. Cuando el supermercado tiene una oferta, digamos, de papel higiénico, el consumidor corre y se surte. Cuando la bolsa de valores tiene una oferta, más conocido como una caída o corrección, el consumidor sale corriendo. Cuando el supermercado sube sus precios, el consumidor va de compras a otra parte. Cuando la bolsa de valores sube sus precios, el consumidor empieza a comprar.
- Busque en los sitios correctos. Un vecino compró un condominio por $100,000. Yo compré un condominio idéntico en la puerta de al lado por $50,000. Me dijo que está esperando que se revalorice. Le

dije que la ganancia se hace cuando uno compra, no cuando uno vende. Se puso en manos de un agente inmobiliario que no es dueño de ninguna propiedad. Fui de compras al departamento de embargo de un banco. Pagué $500 por una clase para aprender cómo hacerlo. Mi vecino pensó que los $500 por una clase de inversión de bienes raíces eran demasiado caras. Él dijo que no se podía permitir ese lujo y además no tenía tiempo. Así que sigue esperando a que suba el precio.

- Busco a las personas que quieren comprar primero, entonces busco a alguien que quiera vender. Un amigo estaba buscando un terreno. Tenía el dinero pero no tenía el tiempo. Encontré un terreno más grande del que mi amigo quería comprar, hice una oferta, llamé a mi amigo y se interesó en comprar una parte. Así que le vendí una parte y luego compré el terreno. Me quedé gratis con el resto del terreno. Moraleja: Compre el pastel y córtelo en pedazos. La mayoría buscan algo que pueden permitirse el lujo de comprar, y por eso buscan demasiado pequeño. Compran sólo un pedazo del pastel, y terminan pagando más por menos. Los que piensan pequeño no consiguen las grandes oportunidades. Si usted quiere hacerse más rico, primero piense en grande.

A los minoristas les encanta descontar por volumen, simplemente porque la mayoría de los comerciantes aprecian a los grandes gastadores. Así que aunque usted sea pequeño, siempre puede pensar en grande. Cuando mi compañía necesitaba computadoras, llamé a varios amigos míos y les pregunté si ellos también querían comprar. Entonces fuimos a varios distribuidores y negociamos un gran precio porque queríamos comprar muchos. He hecho lo mismo con las acciones. Las personas pequeñas permanecen pequeñas porque ellos piensan pequeño; actúan solos o no actúan.

- Aprenda de la historia. Todas las compañías grandes en la bolsa de valores empezaron como compañías pequeñas. El Coronel Sanders no se hizo rico hasta después de perderlo todo a sus sesenta años. Bill Gates era uno de los hombres más ricos del mundo antes de cumplir 30 años.
- La acción siempre es mejor que la inactividad.

Estas son algunas de las cosas que he hecho y que he continuado haciendo para identificar las oportunidades. Las palabras importantes son "hecho" y "haz". Como he repetido muchas veces a lo largo del libro, usted debe actuar antes de poder recibir las recompensas financieras. ¡Actúe ahora!

Cómo pagar por la educación universitaria de un niño por sólo $7,000

Mientras se termina el libro y se acerca la fecha de publicación, me gustaría compartir una reflexión final con usted.

La razón principal por la que escribí este libro era compartir mi visión de cómo el aumento de la inteligencia financiera se puede utilizar para resolver muchos de los problemas comunes de la vida. Sin preparación financiera, todos nosotros usamos demasiado a menudo las fórmulas habituales para vivir, como trabajar duro, ahorrar, pedir prestado y pagar demasiados impuestos. Hoy necesitamos mejor información.

Uso la siguiente historia como un último ejemplo de un problema financiero que afrontan hoy muchas familias jóvenes. ¿Cómo pagar la educación de sus hijos y mantener su propia jubilación? Es un ejemplo de cómo usar inteligencia financiera en lugar de trabajar duro para lograr la misma meta.

Un amigo mío estaba quejándose un día de lo difícil que era ahorrar dinero para la educación universitaria de sus cuatro hijos. Él metía $300 en un fondo de inversión todos los meses y había acumulado hasta entonces unos $12,000. Estimó que necesitaría $400,000 para enviar a sus cuatro hijos a la universidad. Le quedaban 12 años para ahorrar ya que su niño mayor tenía entonces 6 años de edad.

Corría el año 1991 y el mercado de la propiedad en Phoenix estaba terrible. Las personas estaban regalando sus casas. Sugerí a mi compañero de clase que comprara una casa con parte del dinero de su fondo de inversión. La idea le intrigó y empezamos a discutir la posibilidad. Su principal preocupación era que él no tenía crédito con el banco para comprar otra casa ya que se había sobrepasado. Le aseguré que había otras maneras de financiar una propiedad además de a través del banco.

Estuvimos buscando una casa durante dos semanas, una casa que reuniera todas las condiciones que estábamos buscando. Había mucho para escoger, por lo que la compra resultaba entretenida. Finalmente, encontramos una casa de 3 alcobas y 2 baños en un barrio estupendo. Al dueño lo habían despedido y necesitaba vender ese día porque él y su familia se mudaban a California donde le esperaba otro trabajo.

Él pedía $102,000, pero le ofrecimos sólo $79,000. Él lo aceptó inmediatamente. La casa tenía lo que se llama un préstamo no calificado, que significa que hasta un vago sin un trabajo podría comprarla sin la aprobación de un banquero. El dueño debía $72,000, por lo que mi amigo sólo tenía que darle los $7,000, la diferencia de precio entre lo que se debía y por lo que se vendió. En cuanto el dueño se mudó, mi amigo puso la casa en alquiler. Después de pagar todos los gastos, incluso la hipoteca, se metía aproximadamente $125 en el bolsillo cada mes.

Su plan era guardar la casa durante 12 años y dejar que la hipoteca se redujera más rápidamente aplicando esos $125 extras al préstamo cada mes. Imaginamos que en 12 años, se pagaría gran parte de la hipoteca y podría embolsarse posiblemente $800 por mes cuando su primer hijo asistiera a la universidad. También podría vender la casa si se apreciaba en valor.

En 1994 el mercado de bienes raíces cambió de repente en Phoenix y el inquilino, que estaba encantado con la casa, le ofreció $156,000. De nuevo, me preguntó lo que pensaba. Yo le dije, naturalmente, que la vendiera por medio de un intercambio impuesto-diferido 1031.

De repente, él tenía casi $80,000 para maniobrar. Llamé a otro amigo en Austin, Texas, que transfirió este dinero, en impuesto diferido, a un conjunto de mini-almacenes. A los tres meses empezó a recibir cheques por unos $1,000 mensuales que metió en el fondo de inversiones para la universidad, que crecía cada vez más rápidamente.

En 1996 vendió el mini-almacén y recibió un cheque de casi $330,000 procedente de la venta, que invirtió en un nuevo proyecto que le proporcionaría más de $3,000 por mes en ingresos, que de nuevo metió en el fondo de inversiones de la universidad. Él está ahora seguro que alcanzará su meta de $400,000 fácilmente, y sólo necesitó $7,000 y un poco de inteligencia financiera. Sus hijos podrán permitirse el lujo de tener la educación que quieran y él utilizará el activo subyacente, ligado a su Corporación C, para pagar por su jubilación. Como resultado de esta estrategia de inversión exitosa él podrá jubilarse anticipadamente.

Gracias por leer este libro. Espero que les haya proporcionado algunas perspectivas de cómo utilizar el poder del dinero para que trabaje para usted. Hoy en día necesitamos una inteligencia financiera mayor simplemente para sobrevivir. La idea de que hace falta dinero para ganar dinero es la creencia de personas poco sofisticadas financieramente. No significa que no sean inteligentes. Simplemente no han aprendido la ciencia de ganar dinero.

El dinero es sólo una idea. Si usted quiere tener más dinero cambie su forma de pensar. Todas las personas que se han hecho a sí mismas empezaron con una idea pequeña que convirtieron en algo grande. Lo mismo es aplicable a invertir. Sólo hacen falta unos dólares para empezar y convertirlos en algo grande. Me encuentro a muchas personas que malgastan sus vidas persiguiendo el negocio grande, o intentando amasar mucho dinero para entrar en un gran negocio, pero en mi opinión eso es una tontería. Demasiadas veces he visto a inversionistas poco sofisticados poner sus ahorros en un solo negocio para perder la mayoría rápidamente. Pueden haber sido buenos trabajadores pero no han sido buenos inversionistas.

La educación y conocimientos sobre el dinero son importantes. Empiece pronto. Compre un libro. Vaya a un seminario. Practique. Comience con poco. Yo convertí $5,000 en efectivo en activos de un millón de dólares que producen $5,000 de flujo de dinero en efectivo al mes, en menos de seis años. Pero empecé el aprendizaje de niño. Les aconsejo que aprendan porque no es tan difícil. De hecho, es bastante fácil una vez que se aprende tranquilo.

Pienso que he trasmitido mi mensaje claramente. Es lo que tienen en su cabeza que determina lo que está en sus manos. El dinero es sólo una idea. Hay un gran libro llamado *Piense y hágase rico*. El título no es Trabaje duro y hágase hico. Aprenda a que el dinero trabaje duro para usted y su vida será más fácil y feliz. Hoy no actúe seguro, actúe inteligente.

Siga aprendiendo . . .

Ahora que ha aprendido estas 6 lecciones básicas que mi papá rico me enseñó sobre el dinero, me gustaría darle más profundidad y visión a esas lecciones.
Lo únco que tiene que hacer para conseguir este reportaje en audio

"Lo que mi papá rico me enseñó sobre el dinero"

es visitar nuestra página Web:
www.richdadbook1.com
y el reportaje es suyo gratuitamente.
Es nuestra forma de darle las gracias.

¡Actúe!

Usted recibió dos grandes regalos: su mente y su tiempo. Depende de usted hacer lo que prefiera con ambos. Con cada dólar que llega a sus manos, usted y sólo usted tiene el poder de determinar su destino. Despilfárrelo y usted escoge ser pobre. Gástelo en pasivos, y formará parte de la clase media. Inviértalo en su mente y aprenda a adquirir activos y estará escogiendo la riqueza como su meta y su futuro. La opción es suya y sólo suya. Todos los días con cada dólar, usted decide ser rico, pobre o de clase media.

Decida compartir estos conocimientos con sus hijos y elija prepararlos para el mundo que les aguarda. Nadie más lo hará.

Usted y el futuro de sus hijos se determinará por las decisiones que haga hoy, no mañana.

Le deseamos una gran fortuna y mucha felicidad con este maravilloso regalo llamado vida.

Robert Kiyosaki
Sharon Lechter

El anuncio educativo de Robert Kiyosaki
Un anuncio educativo
Los tres ingresos

En el mundo contable hay tres tipos diferentes de ingreso que son:

1. Ingresos percibidos
2. Ingresos pasivos
3. Ingresos de cartera de inversiones

Cuando mi verdadero papá dijo: "Ve a la escuela, saca buenas notas y encuentra un trabajo seguro", me estaba recomendando que trabajara por ingresos percibidos.

Cuando mi papá rico dijo: "El rico no trabaja por dinero, hace que el dinero trabaje para él", me estaba hablando del ingreso pasivo y del ingreso de la cartera de inversiones. El ingreso pasivo, en la mayoría de los casos, es ingreso derivado de las inversiones de bienes raíces. El ingreso de la cartera de inversiones son ingresos derivados de los activos del papel, como las acciones, bonos y fondos de inversión. Los ingresos de la cartera de inversiones son los que hacen que Bill Gates sea el hombre más rico del mundo, no los ingresos percibidos.

El papá rico decía: "La clave para hacerse rico es la habilidad de convertir los ingresos percibidos lo más rápidamente posible" en ingresos pasivos o ingresos de cartera de inversiones. Decía "los ingresos percibidos son lo que más se gravan. El ingreso pasivo es el que paga menos impuestos. Ésa es otra razón para querer que su dinero trabaje duro para usted. El gobierno grava más sus ingresos por los que trabaja duro que el ingreso por el que su dinero trabaja duro".

En mi segundo libro, *El cuadrante CASHFLOW*, explico los cuatro tipos diferentes de personas que componen el mundo de los negocios. Ellos son E–el empleado, S–por cuenta propia, B–el propietario y I–el inversionista. La mayoría de las personas va a la escuela para aprender a ser un E o un S. *El cuadrante CASHFLOW* trata sobre las diferencias básicas entre estas cuatro personas y cómo las personas pueden cambiar de cuadrante. De hecho, la mayoría de nuestros productos se crea para las personas en los cuadrantes "B" e "I".

En la *Guía del papá rico sobre cómo invertir*, el libro número tres de esta serie del papá rico, detallo la importancia de convertir el ingreso percibido en pasivo y en ingreso de la cartera de inversiones. El papá rico decía: "Lo que hacen los verdaderos inversionistas es convertir el ingreso percibido en pasivo y de la cartera de inversiones. Si usted sabe lo que está haciendo, invertir no es arriesgado. Es sólo sentido común.

La clave para la independencia financiera

La clave para la independencia financiera y para una gran riqueza es la habilidad de una persona para convertir el ingreso percibido en pasivo y en ingreso de la cartera de inversiones. Ésa es la habilidad que mi papá rico pasó mucho tiempo enseñándonos a Mike y a mí. Tener esa habilidad es la razón por la cual mi esposa Kim y yo somos financieramente independientes y nunca necesitaremos volver a trabajar.

Continuamos trabajando porque queremos. Hoy nosotros tenemos una compañía de inversión de bienes raíces para los ingresos pasivos y participamos en ofertas privadas y ofertas pública iniciales de acciones para el ingreso de la cartera de inversiones. También hemos vuelto a trabajar con nuestra socia Sharon Lechter para construir esta compañía de educación financiera y crear y publicar libros, cintas y juegos. Todos nuestros productos educativos se idearon para enseñar las mismas habilidades que mi papá rico me enseñó, las habilidades de convertir el ingreso percibido en pasivo y en ingreso de la cartera de inversiones.

Los tres juegos de salón que creamos son importantes porque enseñan lo no hacen los libros. Por ejemplo, usted nunca podría aprender a montar en bicicleta leyendo un libro. Nuestros juegos de educación financiera, *CASHFLOW 101,* un juego sofisticado para adultos, y *CASHFLOW para niños,* se diseñaron para enseñar a los jugadores habilidades de inversión básicas tales como cómo convertir el ingreso percibido en pasivo y en ingreso de la cartera de inversiones. También enseñan principios de contabilidad y alfabetización financiera. Estos juegos son los únicos productos educativos en el mundo que les enseña simultáneamente estas habilidades.

CASHFLOW 202 es la versión avanzada del *CASHFLOW 101* y utiliza el tablero del 101, así como un repaso del 101 antes de jugarse. *CASHFLOW 101* y *CASHFLOW para niños* enseñan los principios de cómo invertir. *CASH-*

FLOW 202 enseña los principios técnicos de cómo invertir. Estos principios técnicos abarcan técnicas comerciales avanzadas como la venta corta, opciones de compra, las opciones de venta, así como *straddles*. La persona que entienda estas técnicas avanzadas puede ganar el dinero como nosotros cuando el mercado sube y cuando el mercado baja. Como diría mi papá rico: "Un auténtico inversionista gana dinero en un mercado en alza y en baja. Por eso ganan tanto dinero".

Una de las razones por las que hacen más dinero es porque tienen más confianza en sí mismos. El papá rico diría: "Tienen más confianza en sí mismos porque están menos asustados de perder". En otros términos, el inversionista medio no gana tanto dinero porque tiene mucho miedo de perder dinero. No sabe cómo protegerse de las pérdidas, y eso es lo que enseña el *CASHFLOW 202*.

El inversionista medio piensa que invertir es arriesgado porque no se ha entrenado formalmente para ser un inversionista profesional. Como dice Warren Buffet, el inversionista más rico de Estados Unidos: "El riesgo viene de no saber lo que se está haciendo". Mis juegos de salón enseñan los principios básicos de inversión y técnicas de inversión mientras las personas se divirtien. De vez en cuando escucho decir: "sus juegos educativos son caros". (El *CASHFLOW 101* cuesta $195.00, el *CASHFLOW 202* cuesta $145.00, y el *CASHFLOW para niños* cuesta $79.00 en Estados Unidos.) Todos nuestros productos son de aprendizaje completo e incluyen cassettes de audio, videos y/o libros. (Una razón por la cual nuestros precios son altos es que producimos una cantidad limitada cada año.) Asiento y contesto: "Sí, son caros, sobre todo si los compara con juegos de entretenimiento. Y entonces me digo a mí mismo: "Pero mis juegos no son tan caros como la educación universitaria, trabajar duro toda la vida por ingresos percibidos, pagando impuestos excesivos y viviendo aterrorizado de perder todo el dinero en el mercado de la inversión".

En esos raros casos que la persona murmura alejándose algo sobre el precio, puedo oír mi papá diciendo: "Si usted quiere ser rico, debe saber por qué tipo de ingreso debe trabajar duro, cómo guardarlo y cómo protegerlo". Ésa es la clave de la fortuna. El papá rico añadiría: "Si usted no conoce las diferencias entre los tres tipos de ingresos y no aprende las habilidades para adquirir y proteger esos ingresos, pasará su vida ganando menos de lo que puede y trabajando más de lo que debe".

Mi papá pobre creía que una educación buena, un trabajo bueno, y años de trabajo duro eran todo lo necesario para tener éxito. Mi papá rico pensó que una educación buena era importante, pero también era importante que Mike y yo supiéramos las diferencias entre los tres ingresos y por qué tipo de ingreso trabajar más duro. Para él, ésa era la educación financiera básica. Conocer las diferencias entre los tres ingresos y aprender cómo adquirir los diferentes ingresos son básicos para cualquiera que se esfuerza por adquirir una fortuna y lograr la independencia financiera . . . un tipo especial de libertad que sólo unos pocos conocerán. Como indicaba el papá rico en la lección #1, el rico no trabaja por dinero. Sabe hacer que el dinero trabaje duro para él". El papá rico dijo: "el ingreso percibido es el dinero por el que usted trabajó y el pasivo y el de la cartera de inversiones es el dinero que trabaja para usted". Y conocer esa pequeña diferencia entre los ingresos ha sido importantísimo en mi vida. O como el poema de Robert Frost, "eso representó toda la diferencia".

¿Cuál es la manera más fácil y mejor de aprender?

En 1994, después de independizarme financieramente, estaba buscando una manera de enseñar a otros lo que mi papá rico me había enseñado. No se puede aprender todo leyendo. No puede aprender a andar en bicicleta leyendo un libro. Me percaté que el papá rico me enseñó a través de la repetición. Por eso empecé creando juegos de salón educativos. Ellos son, en mi opinión, la manera más fácil y mejor de aprender asuntos bastante complejos.

Si usted está dispuesto a aprender y adquirir más ingresos pasivos y de la carpeta de inversión, los juegos *CASHFLOW* pueden ser un importante primer paso. Si usted está dispuesto a mejorar su educación financiera, aproveche la oportunidad de probar nuestros productos durante 90 días, sin riesgo, gratuitamente. Todo lo que pido es que después de comprar el juego, lo juegue con sus amigos por lo menos seis veces dentro de esos 90 días. Si siente que no ha aprendido nada o los juegos son demasiado difíciles, devuelva el juego en buen estado y le reintegraremos su dinero.

Hay que jugarlo por lo menos dos veces, para entender las reglas y estrategias. Después de la segunda vez, los juegos son más fáciles de jugar, se divertirá más y su aprendizaje aumentará rápidamente. Si usted compra un juego de *CASHFLOW* y no lo toca, es un juego muy caro. Si usted juega por lo menos seis veces creo que pensará que cada uno de estos juegos no tiene precio.

Acerca de los autores

Robert T. Kiyosaki

"La razón principal por la que las personas luchan financieramente es porque pasaron años en la escuela sin aprender nada sobre el dinero. El resultado es que aprenden a trabajar por dinero . . . pero nunca aprenden a hacer que el dinero trabaje para ellos", dice Robert.

Nacido y criado en Hawai, Robert es americano-japonés de cuarta generación. Proviene de una familia de educadores destacados. Su padre fue el director de educación para el Estado de Hawai. Después de la escuela secundaria, Robert se educó en Nueva York y después de graduarse se enlistó en los U.S. Marines y fue a Vietnam de oficial y como piloto de helicóptero de ataque.

Al regresar de la guerra, Robert empezó su carrera comercial. En 1977 fundó una compañía que lanzó al mercado las primeras carteras de "surfer" de Nilón y Velcro que se convirtieron en un producto de aceptación mundial con millones de dólares en ventas. Él y sus productos han aparecido en la siguiente revistas: *Runners World, Gentlemen's Quarterly, Success Magazine, Newsweek* y *Playboy*.

Dejando el mundo comercial, en 1985 fundó una compañía internacional de educación que operó en siete países, enseñando negocios e inversiones a miles de licenciados.

Robert se jubiló a los 47 años para dedicarse a lo que más le gusta . . . invertir. Preocupado por la creciente distancia entre los pobre y los ricos, Robert creó el juego *CASHFLOW* que enseña el juego del dinero que antes sólo conocían los ricos.

Aunque el negocio de Robert es el inmobiliario y la creación de pequeñas y medianas empresas, su verdadero amor y pasión es la docencia. Ha compartido el podium con grandes oradores como Og Mandino, Zig Ziglar y Anthony Robbins. El mensaje de Robert Kiyosaki es claro. "Responsabilícese por sus finanzas o reciba órdenes toda su vida. Usted es el amo del dinero o su esclavo". Robert imparte clases de una a tres horas de duración revelando a las personas los secretos de los ricos. Aunque los temas de sus clases van desde invertir para lograr ingresos altos con poco riesgo, a enseñar a sus hijos a ser ricos, a empezar compañías y venderlas; tiene un mensaje contundente. Y ese mensaje es: Despierte al genio financiero que lleva dentro. Su genio está esperando poder salir.

Esto es lo que el famoso presentador y escritor mundial Anthony Robbins dice sobre el trabajo de Robert: "El trabajo educativo de Robert Kiyosaki es poderoso, profundo, y cambia la vida. Lo felicito por sus esfuerzos y lo recomiendo enfáticamente.

Durante estos tiempos de gran cambio económico, el mensaje de Robert no tiene precio.

Sharon L. Lechter

Esposa y madre de tres, CPA, consultora para la industria juguetera y editorial y dueña de un negocio, Sharon Lechter ha dedicado sus esfuerzos profesionales al campo de la educación.

Se graduó en contabilidad, con honores, de la Universidad del Estado de Florida. Formó parte de la que entonces era una de las ocho empresas de contabilidad más grandes y llegó a convertirse en directora financiera (CFO) de una compañía líder en la industria informática, directora fiscal de una aseguradora nacional y fundadora y editora asociada de una de las principales revistas regionales para mujeres en Wisconsin, todo mientras mantenía sus credenciales profesionales como CPA.

Su enfoque cambió rápidamente hacia la educación cuando vio a sus tres hijos crecer. Era una lucha conseguir que leyeran. Preferían mirar la televisión.

Así que le fascinó unir sus fuerzas con las del inventor del primer "libro hablado" electrónico y ayudar a convertir la industria del libro electrónico en un negocio internacional de millones de dólares. Hoy sigue siendo una pionera desarrollando las nuevas tecnologías para devolver el libro a las vidas de los niños.

Cuando sus hijos crecían estaba muy involucrada en su educación. Se volvió una activista vocal en las áreas de matemática, informática, lectura y escritura.

"Nuestro actual sistema educativo no ha mantenido el ritmo de los cambios globales y tecnológicos del mundo actual. Debemos enseñar a nuestros jóvenes las habilidades escolásticas y financieras que necesitarán no sólo para sobrevivir sino para florecer en el mundo que enfrentan".

Como coautora de *Papá rico, papá pobre* y *El cuadrante de CASHFLOW,* actualmente se esfuerza en ayudar a crear las herramientas educativas para quienes estén interesados en mejorar su propia educación financiera.

Papá rico, papá pobre es una historia verdadera de las lecciones sobre el dinero que Robert Kiyosaki, el autor, aprendió de sus dos "papás". Un papá licenciado y Superintendente de Educación nunca tenía suficiente dinero para terminar el mes y murió arruinado. Otro papá dejó la escuela a los 13 años y se convirtió en uno de los hombres más ricos de Hawai. En *Papá rico, papá pobre,* Robert explica cómo hacer que el dinero trabaje duro para usted en lugar de que usted trabaje duramente por dinero. Está disponible en su tienda de libros.

CASHFLOW® Quadrant es la continuación de *Papá rico, papá pobre.* Trata sobre los cuatro tipos de personas que integran el mundo de los negocios: 1) los empleados, 2) los que trabajan por cuenta propia, 3) los dueños y 4) los inversionistas y las diferencias esenciales entre ellos. Examina las herramientas y las necesidades individuales para convertirse en un propietario e inversionista exitoso. Está disponible en su tienda de libros.

La guía del papá rico de cómo invertir es la continuación de *Papá rico, papá pobre* y de *CASHFLOW Quadrant.* La mayoría de nosotros sabemos que las mejores inversiones nunca llegan al mercado. Este libro explica en qué invierten los ricos que no lo hacen los pobres y la clase media. Lo que sigue es la visión de un experto del mundo de la inversión de cómo los ricos encuentran las mejores inversiones y de cómo usted también puede.

Lecturas recomendadas

Para mejorar su inteligencia financiera

As a Man Thinketh (Inspiradora), James Allen
Beating the Street (Elegir acciones), Peter Lynch
Chaos: Making a New Science (General), James Gleick
Creating Wealth (Bienes Raíces), Robert Allen
E-Myth (Negocios), Michael Gerber
Inc. and Grow Rich (Incorporaciones), Llame al editor, Sage Int'l,
    al 1-800-254-5779, C.W. Allen
Investment Biker (Inventir), Jim Rogers
Market Wizards (Negociando acciones), Jack Schwager
Over the Top (Estrategias de éxito), Zig Ziglar
The New Positioning (Mercadeo), Jack Trout
The Wall Street Journal Guide to Understanding Money & Investing
    (Bonos, acciones, fondos de inversión, futuros, dinero), Kenneth M.
    Morris, Allan M. Seigel
The Warren Buffet Way (Estrategias de inversión), Robert Hagstrom
Trading for a Living, (Negociando acciones), Dr. Alexander Elder
Trump: The Art of the Deal (Bienes Raíces), Donald Trump
Unlimited Power, (Estrategias de éxito), Anthony Robbins
Unlimited Wealth (Riqueza), Paul Zane Pilzer

*Estos libros se sugieren como lectura aunque pueden ser sensibles al tiempo. Siempre recomendamos buscar sus propias recomendaciones profesionales, legales, financieras y de inversión.

Por favor visite nuestra página web,
www.richdad.com
para buscar:

- Información adicional sobre nuestros productos de educación financiera.
- Las preguntas más frecuentes sobre nuestros productos.
- Eventos de Cashflow Technologies Inc. y presentaciones y entrevistas con Robert Kiyosaki.

Gracias

Norteamérica/Sudamérica/Europa/África
CASHFLOW® Technologies, Inc.
4330 N. Civic Center
Scottsdale, Arizona 85251
USA
(480) 998-6971 o (800) 317-3905
Fax: (480) 348-1349
E-mail: moreinfo@richdad.com

Australia/Nueva Zelanda
CASHFLOW® Education Australia
Reply Paid AAA401 (no hace falta sello)
PO Box 1126
Crows Nest, NSW 1585, Australia
Tel: 1 (61) 2 9923 1699 o 1 (800) 676-991
Fax: (61) 2 9923 1799 o 1 (800) 676 992
E-mail: info@cashfloweducation.com.au

VISITE NUESTRA PAGINA WEB: WWW.RICHDAD.COM